Edition Akzente
Herausgegeben von
Michael Krüger

Antonio Tabucchi
Wer war Fernando Pessoa?

Aus dem Italienischen von
Karin Fleischanderl

Carl Hanser Verlag

Die Originalausgabe erschien 1990 unter dem Titel
Un baule pieno di gente. Scritti su Fernando Pessoa
bei Feltrinelli in Mailand.

Der Band versammelt Aufsätze,
die zwischen 1977 und 1989 publiziert wurden.

ISBN 978-3-446-20963-3

Umschlag: Nach einem Entwurf von Klaus Detjen
unter Verwendung einer Zeichnung von Júlio Pomar, 1983
Printed in Germany

Wer war
Fernando Pessoa?

Vorbemerkung

Von Maurice Blanchot stammt die Feststellung, ein Buch habe immer, auch wenn es fragmentarisch ist, ein Zentrum, um das es kreise: »ein Zentrum, das nicht fix ist, sondern sich aufgrund des Drucks des Buches und der Umstände seiner Entstehung verlagert. Zugleich ein fixes Zentrum, das sich verlagert, sofern es ein wahres Zentrum ist, während es dasselbe bleibt und immer zentraler wird, immer verborgener, ungewisser und gebieterischer.«[1]

Es ist beinahe ein Pleonasmus festzustellen, die Heteronymie sei das verborgenste und gewiß das gebieterischste Zentrum des umfangreichen und geheimnisvollen *Buches,* das uns Pessoa hinterlassen hat. Wobei wir Heteronymie nicht nur als metaphorische Theatergarderobe verstehen, in der der Schauspieler Pessoa sich versteckt, um seine literarisch-stilistischen Verkleidungen anzulegen, sondern als wahre Freizone, als *terrain vague,* als magische Linie, die Pessoa überschritten hat, um ein »anderer« zu werden und dabei er selbst zu bleiben.[2] Und es liegt auf der Hand, daß sich Pessoas magische Linie anders als bei Pound oder Browning, damit wir uns recht verstehen, nicht im Bereich der reinen Mystifizierung und der Maske befand (»dieser Mann, der die Biographien für die Werke und nicht die Werke für die Biographien erfand«)[3] und auch nicht im Bereich des Gestalterischen, das sich aus einem Spiel entwickelt hat (obwohl die Kunst gewiß Spiel ist, ohne Spiel gäbe es keine Kunst). Pessoas Heteronymie verweist vielmehr auf die Fähigkeit, das *Wesen* eines Spieles zu leben;[4] nicht auf die Fiktion, sondern auf die Metaphysik der Fiktion, auf einen Okkultismus der Fiktion, vielleicht auf eine Theosophie der Fiktion.[5] Pessoas Fiktion ist immer eine »transzendente« Fiktion, ist Wort, aber im Sinn von ἐν ἀρχῇ ὁ λόγος (Am Anfang war das Wort); und dieses Wort ist gewiß *nicht* der literarische »Text«. Pessoas Logos ist in seiner Transzendenz, in seiner Eigenschaft als Metatext eine Abweichung, verläßt die existentiell-textuelle Ebene und ereignet sich im Ontologisch-Metaphysischen.[6] Mit einem Kalauer könnte man sagen, das Spiel Pessoas bestehe darin, das Spiel zu »spielen«, es zu lösen, ohne sich darauf einzulassen, auf die Ebene der reinen Mutmaßung überzuwechseln. Man könnte über Pessoa sagen, was Benjamin über Kafka geschrieben hat, daß nämlich »Kafkas ganzes Werk einen Kodex von Gesten darstellt, die keineswes von Hause aus für den Verfasser eine sichere symbolische Bedeutung haben, vielmehr in immer wieder anderen Zusammenhängen und Versuchsanordnungen um eine solche angegangen werden«.[7]

Um diese immer wieder anderen Zusammenhänge und Versuchsanordnungen beziehungsweise um das *Wesen* von Pessoas »Spiel«, um seine *wahre Fiktion,* kreist, wie ich glaube, der Großteil der hier versammelten Aufsätze. Diese Aufsätze sind das Ergebnis einer jahrelangen Beschäftigung, und es schien mir sinnvoll, sie gemeinsam zu veröffentlichen. Sie erheben gewiß nicht den Anspruch, ein endgültiges Bild des Dichters mit den tausend Gesichtern zu liefern, nicht zuletzt deshalb nicht, weil ich glaube, daß Pessoa eine Lesart erfordert, die auf präpotente Interpretationen verzichtet, sondern vielmehr in der Lage ist, ihm auf den Boden der Mutmaßung zu folgen. Und als kritische Mutmaßungen möchte ich diese meine Aufsätze über den geheimnisvollsten Dichter des zwanzigsten Jahrhunderts auch verstanden wissen.

In letzter Zeit ist die kritische Bibliographie zu Pessoa um einiges angewachsen. Vielleicht wäre es nötig, Text und Anmerkungen mancher dieser Aufsätze in dieser Hinsicht zu ergänzen. Ich habe dennoch beschlossen, sie in ihrer ursprünglichen Form zu veröffentlichen, als Zeugnis der Jahre, in denen sie geschrieben wurden.

A. T.

Eine Truhe voller Menschen
In Ermangelung von Beweisen

Das erste, was einem an der Biographie des Portugiesen auffällt, der wahrscheinlich im Lauf der Zeit als einer der bedeutendsten Dichter des zwanzigsten Jahrhunderts in die Literaturgeschichte eingehen wird, ist eine Übertreibung: eine maßlose Übertreibung, die jeden, der sich auf seine Spuren begibt, mißtrauisch macht, wenn nicht gar beunruhigt. Es handelt sich jedoch nicht um ein Zuviel, sondern um ein Zuwenig, um einen völligen Mangel an Beweisen, um eine, wenn man so will, zum Paradigma gewordene Evidenz, um ein perfektes Alibi: um etwas, das – wie der entwendete Brief in Poes Erzählung – versteckt wird, indem es deutlich zur Schau gestellt wird, und das im Fall Pessoas ein Zuviel an Anonymität bedeutet, Banalität in Reinform. Zwar ist die Banalität in der großen Literatur des zwanzigsten Jahrhunderts weit verbreitet: Von Musil bis Beckett, von Valéry bis Svevo und Montale mit seinem »fünfprozentigen« Leben (der Ausdruck stammt von Montale selbst) leben viele der bedeutendsten Schriftsteller unseres Jahrhunderts ein von grauem Alltagstrott bestimmtes Leben. Bei Pessoa allerdings läuft der Lebensmotor so untertourig wie nur möglich, Montales fünfprozentige Leistung sinkt noch weiter ab, und irgendwann glaubt man nicht einmal mehr das Brummen des Motors zu hören; es regt sich der Verdacht, Pessoa sei vor seinem offiziellen Todestag gestorben und habe Vorkehrungen getroffen, daß »alles« so weiterginge wie zuvor. Beziehungsweise der Verdacht, Pessoa habe nie existiert, er sei nur die Erfindung eines gewissen Fernando Pessoa, dessen gleichnamiges Alter ego in einem frenetischen Reigen von Personen, die in bescheidenen Lissaboner Pensionen wohnten, zusammen mit Fernando, der dort dreißig Jahre lang das höchst banale, anonyme und *exemplarische* Leben eines kleinen Angestellten führte.

Tatsächlich ist die Hypothese, Fernando Pessoa sei das Alter ego eines mit ersterem völlig identischen Fernando Pessoa, sehr verführerisch und absurderweise vielleicht gar nicht so unwahrscheinlich, auch wenn sie im Zeichen eines Paradoxes à la Borges zu stehen scheint (Ménard als wahrer Autor des *Don Quijote*); freilich hat uns Pessoa selbst bereits 1931 das Paradox geliefert, auf das sich unser Verdacht gründet:

> Der Poet verstellt sich, täuscht
> so vollkommen, so gewagt,
> daß er selbst den Schmerz vortäuscht,
> der ihn wirklich plagt.[1]

Und wenn Fernando Pessoa bloß so getan hätte, als sei er Fernando Pessoa? Das ist nur ein Verdacht. Beweise wird es dafür natürlich nie geben. Und in Ermangelung von Beweisen müssen wir den biographischen Angaben dessen Glauben schenken (oder so tun, als würden wir ihnen Glauben schenken), der die Erfindung eines mit sich selbst identischen Schwindlers war: Die Rede ist von Fernando António Nogueira Pessoa, Sohn von Joaquim und Madalena Pinheiro Nogueira, teilzeitbeschäftigter Übersetzer von Handelskorrespondenz in Lissaboner Import-Export-Firmen. In seiner Freizeit Dichter.

Eine Truhe voller Menschen

Zum Thema Dichtung und Ruhm hat Montale einmal mit dem ihm eigenen Witz festgestellt, das Haus der Unsterblichkeit (und er fügte hinzu, daß er die irdische Unsterblichkeit meine, die unter Umständen nur ein paar Jahrhunderte währt und pro Generation bloß zehn »Spezialisten« zu interessieren vermag) könne man durch das Hauptportal oder durch den Dienstboteneingang betreten; manche würden jedoch durch das Fenster oder den Schornstein hineinkommen.[2] Pessoa gehört gewiß zu jenen Dichtern, die in Montales allegorisches Haus auf ungewöhnliche und halbillegale Weise eingedrungen sind, ob aus Gleichgültigkeit oder Kalkül (oder aus kalkulierter Gleichgültigkeit), und er hat dabei seine zahlreichen Phantasmen eingeschmuggelt, in einer gewöhnlichen Wäschetruhe versteckt und gut verpackt in mit Bindfaden verschnürte und verschieden signierte Manuskripte. Stellen wir uns doch einen Augenblick lang vor, angeregt von der Literatur, was geschehen wäre, wenn die Truhe aufgrund einer Laune des Schicksals versiegelt durch die Jahrhunderte getrieben und am Ufer einer Epoche gestrandet wäre, in der sich die Spuren Pessoas als realer Person bereits verloren hätten: jene hypothetischen Nachfahren hätten wohl nicht schlecht darüber gestaunt, daß es im zwanzigsten Jahrhundert in einem kleinen und kaum bekannten Land, das von Europa vergessen worden war und das Europa vergessen hatte, ein merkwürdiges perikleisches Zeitalter der Dichtung gegeben hatte, eine Glanzzeit von zwanzig Jahren (so lange waren die verschiedenen Pessoas tätig: von 1914 bis 1935), während der vier verschiedene und in Hinblick auf Ton und Temperament sogar gegensätzliche, in bezug auf die Komplexität ihrer Themen und die Qualität ihrer Gedichte jedoch gleich bedeutende und faszinierende Dichter gewirkt hatten, die in Briefen gegeneinander polemisierten, öffentlich diskutierten, freundliche, jedoch höflich distanzierte Vorworte zu den Werken der jeweils anderen verfaßten (wobei sie sich jedoch stets siezten: das waren eben noch andere Zeiten), bis schließlich alle unerklärlicherweise zur selben Zeit verstummten und im Nichts verschwanden. In diesem Fall hätte es vielleicht einen umgekehrten »Fall Homer« oder einen umgekehrten »Fall Shakespeare« gegeben: anstatt eines einzelnen Namens als Sammelbegriff vieler Leben und vieler Erfahrungen viele Namen und viele Erfahrungen anstelle eines einzelnen Dichters.

Die Klasse der schlimmen Buben

1942, sieben Jahre nach Fernandos Tod, beschließt der Lissaboner Verlag Ática, unter dem wachsamen Blick der Literaten und Philologen, die mit dem Dichter befreundet gewesen waren und die Zugang zu der Truhe haben, in der sich seine Manuskripte befinden, Pessoas Gesamtwerk herauszugeben: in diesem Augenblick nimmt eine der ungeheuerlichsten Schriftstellerpersönlichkeiten des zwanzigsten Jahrhunderts Gestalt an, die noch bei weitem übertrifft, was Pessoa bereits zu Lebzeiten versprochen hatte. Immerhin war Pessoa in allen bedeutenden zeitgenössischen Zeitschriften Portugals vertreten gewesen (»A Águia«, »Exílio«, »Centauro«, »Portugal Futurista«, »Presença«), er selbst hatte mindestens zwei Zeitschriften gegründet (»Orpheu« und »Athena«), hatte die Avantgarde und verschiedene europäische Literaturströmungen (Orphismus, Futurismus, Kubismus, die *écriture automatique* der Surrealisten) in Portugal eingeführt und selbst drei Strömungen gewissermaßen aus dem Boden gestampft (Paulismus, Sensationismus, Intersektionismus); und schließlich hatte er die größten Errungenschaften der zeitgenössischen europäischen Kultur, von der Psychoanalyse bis zur Phänomenologie, in Portugal heimisch gemacht. Seinen Ruhm als Dichter verdankte er allerdings nur einem unvollständigen dichterischen Werk, das in diversen, kaum erhältlichen Zeitschriften mit niedriger Auflage erschienen war, vier Gedichtbänden in englischer Sprache (die praktisch unter Ausschluß der Öffentlichkeit in schmucklosen Ausgaben erschienen waren und öffentlich kaum wahrgenommen wurden) und einer Broschüre, die er ein Jahr vor seinem Tod eigens hatte drucken lassen, um sich damit um einen Literaturpreis zu bewerben (den er jedoch nicht gewann), und die den Titel *Mensagem (Botschaft)* trug. Kinkerlitzchen, verglichen mit dem Schatz, der postum entdeckt wurde. Als Dichter hatte Pessoa zwar bei seinen Freunden, die sich um die Zeitschrift »Presença« scharten, für Aufmerksamkeit gesorgt, als er auf die Fragen eines befreundeten Kritikers eine luzide und peinlich genaue Darstellung der Heteronymie abgab, die sich wie eine Mischung aus psychoanalytischer Sitzung und klinischem Krankenbericht liest.[3] Trotzdem ist anzunehmen, daß Pessoa in der zeitgenössischen portugiesischen Kultur eher als Intellektueller denn als Dichter Geltung besaß, ganz zu schweigen von seiner Rolle als heftiger und umstrittener Polemiker (als der er schon damals mit Vorsicht zu genießen war: man denke zum Beispiel an seine provokanten Theorien zum »Fünften Reich« und an seinen unseligen Artikel aus dem Jahr 1928: »Das Interregnum. Verteidigung und Rechtfertigung der Militärdiktatur in Portugal«).

Es wird wohl noch eine Weile dauern, bis man Pessoas Rolle als »Intellektueller« kritisch aufgearbeitet haben wird beziehungsweise bis man sein theoretisches und publizistisches Werk im weitesten Sinn des Wortes innerhalb der zeitgenössischen (vor allem der portugiesischen, aufgrund von Pessoas Bedeutung aber auch der europäischen) Kultur eingeordnet haben wird, bis man mit Sicherheit sagen kann, worin die Wechselbeziehungen und Ähnlichkeiten bestehen, die Übereinstimmungen und Abweichungen. Und zwar, wie ich glaube, aus drei einleuchtenden Gründen: Erstens aufgrund des Umfangs und der Komplexität des dichterischen Werkes, das das theoretische Werk mittlerweile in den Schatten gestellt hat; zweitens aufgrund der legitimen Überzeugung aller Kritiker, die Hypothek, die auf Pessoas Werk lastet, ein noch »offenes« Werk zu sein (nicht nur aus werkimmanenten Gründen, auch wenn es in dieser Hinsicht ein modernes »offenes Kunstwerk« par excellence ist, sondern aus äußerlichen, eigentlich ganz banalen Gründen: Ich meine die zahlreichen noch unveröffentlichten Texte), würde ein plausibles oder gar endgültiges Urteil über Pessoas Aktivität als zeitgenössischem Intellektuellem und *homme de lettres* unmöglich machen; und schließlich darf man auch das Unbehagen der Kritik angesichts einer so unbequemen Gestalt wie Pessoa nicht unterschätzen: womit genug gesagt wäre über die Vorurteile und Hemmungen jener Kritik, die nur den Dichter sehen will und den politischen und philosophischen Denker unter den Tisch fallenläßt, die Pessoa spaltet (als ob er zusätzlich zu seinen inneren Spaltungen noch welche von außen brauchte) und sich ihn dabei klammheimlich vom Hals schafft, indem sie ihn in die Sonderschule abschiebt, in die bunt zusammengewürfelte und nicht näher definierte Klasse der »schlimmen Buben« der Moderne. Bekanntlich tummeln sich in dieser Klasse die merkwürdigsten und unterschiedlichsten Gestalten: Hegelianer und Anti-Hegelianer, Totalitäre und Liberale, solche, die zum Anarchismus tendieren, und Mystiker; Nietzsche und Pound, Céline, Bataille und Kafka sind hier allen Unterschieden zum Trotz versammelt; und schließlich sitzen hier auch noch die überraschendsten, die schwierigsten Fälle: die, die sich im Gewand der konservativsten und biedersten Bürger präsentieren, in Zweireiher und Weste, sich bei den Schulaufgaben jedoch als wahre Revolutionäre entpuppen (Beispiele dafür gibt es, angefangen bei Carlo Emilio Gadda, mehr als genug). Neben den Klassenbesten gibt es aber auch die ungestümen und schlampigen Dummköpfe aus den letzten Reihen, die ihre Hefte vollschmieren und mit Tinte bekleckern. Pessoa allerdings hat selbst in seinen schlimmsten und beunruhigendsten Momenten, weder beim freigewählten Aufsatz noch beim Thema Tagespolitik, nichts mit bestimmten mittelmäßigen Gestalten gemein – wie es etwa die Autoren rund um die italienische Literaturzeitschrift »La Voce«* waren –, die ebenfalls die Klasse der »bösen Buben« der Moderne bevölkern: lautstarke, vulgäre, aggressive Schwätzer in ihrer Jugend, unterwürfig und konformistisch in ihren reifen Jahren, demütig und verklärt-bekehrt nach der Pensionierung. Pessoa ist sowohl in intellektueller als auch in moralischer Hinsicht aus anderem Holz geschnitzt: nie in seinem Leben ließ er sich zu lauten Reden und Deklamationen hinreißen (und wenn doch, beauftragte er Álvaro de Campos damit: was für eine aristokratische Haltung, einen anderen vorzuschicken! Wie der

* »La Voce«: Florentiner Kulturzeitschrift (1908-1916), gegründet von Giovanni Papini, versammelte antipositivistische und idealistische Tendenzen und sympathisierte mit nationalistischen Strömungen (Anm. d. Übers.).

Herr, der den Majordomus damit beauftragt, die aufmüpfigen Diener zu rügen); er, der so zurückhaltend und nach außen hin ungerührt war, so kalt und so einsam, verachtete Vulgarität, Rhetorik, Massen und Parolen. Er verteidigte die militärische Diktatur und den Grundsatz der Ungleichheit; gleichzeitig verabscheute er den Faschismus und Salazar, den er in einem Gedicht verhöhnte; er prophezeite das »Fünfte Reich« und den Sebastianismus*, und gleichzeitig machte er sich über Kipling lustig, den er als »Plunder-Imperialisten« bezeichnete; er deklarierte sich als Futurist und »Sensationist«, verachtete jedoch den Lärm der Granaten, machte sich über Marinetti lustig und besang die aseptische Vollkommenheit von Newtons Fernglas.

Ich halte mich nicht für einen Kulturhistoriker, sondern schlicht und einfach für einen Literaturliebhaber: Deshalb sind meine Angaben, den sogenannten kulturellen »Kontext« betreffend, ungenau und ungefähr. Es scheint mir trotzdem sinnvoll, Pessoas Haltung (die sich bei genauerem Hinsehen als nichts anderes als eine heftige antibürgerliche Polemik entpuppt) in bezug auf die Kulturpolitik der Ersten Republik (1910-26) zu untersuchen, die zwar Ausdruck eines politisch gefestigten Bürgertums im Rahmen einer parlamentarischen Republik liberaler Prägung, andererseits jedoch von einer heftigen und erbitterten Mißachtung der provokanten intellektuellen Außenseiter gekennzeichnet war. Die Gründe für diese Mißachtung sollen die dafür zuständigen Historiker herausfinden; ich möchte hier einfach darauf hinweisen, daß der Machtergreifung durch das portugiesische Bürgertum keine Revolution vorangegangen war, sondern ein Königsmord und ein überstürzter Aufstand, der zwar vom

* Sebastianismus: messianistische Strömung, die sich die Wiederkehr des verschwundenen Königs Sebastian (1554-1578) erhoffte (Anm. d. Übers.).

Volk unterstützt wurde, gewiß aber nicht zu den kulturellen und ideologischen Umwälzungen einer wirklichen Revolution führte. Die Tatsache, daß der Prozeß der Ideologisierung ausblieb und es zu keiner kulturellen Reife und Veränderung kam, ist meiner Meinung nach daran schuld, daß die bürgerliche Revolution in Portugal so kraftlos und schwach ausfiel und eher als Wachablösung erscheint denn als der Beginn einer neuen und innovatorischen Epoche. Da ihr die Kraft einer legitimierenden Ideologie fehlte (vielleicht weil sie sich gerade am Höhepunkt der Werte- und Identitätskrise des europäischen Bürgertums ereignete, in einem Augenblick der Verwirrung, aber auch der Angst und Hysterie), konnte sie natürlich nicht die Sympathien der unruhigsten und unzufriedensten portugiesischen Intellektuellen gewinnen, die, von der Katastrophe des Ersten Weltkriegs traumatisiert, sich von radikalen Ideen und Utopien nährten und unsicher, neurotisch und zutiefst verstört waren.

Ein portugiesischer Traum

Genau in diesem Kontext – um das fragliche Wort wieder aufzugreifen – muß man Pessoas ideologische Haltung sehen, seine aristokratischen Neigungen und seine imperialistischen Träumereien: in einem Kontext, in dem republikanische und progressive Ideale vom altmodischen Typ des positivistischen Intellektuellen (etwa dem wackeren Teófilo Braga, dem Präsidenten der Republik) verkörpert wurden, der aufrecht, optimistisch und dogmatisch war und natürlich von den schwierigen Zeiten völlig überfordert. Die zeitgenössische kulturelle Elite Portugals war ja durchwegs aristokratisch gesinnt: wie zum Beispiel die laizistisch-nationalistischen Kräfte der Renascença Portuguesa, die ganz unter dem Einfluß der für die Iberische Halbinsel typischen metahistorischen Ideologie standen, deren Vertreter zur selben Zeit in Spanien Unamuno und Ortega y Gasset waren; aristokratisch war die Gesinnung der »Saudosisten«, an deren Spitze Teixeira de Pascoaes stand (obwohl aus ihren Reihen auch Antifaschisten wie Jaime Cortesão hervorgehen sollten) und die sich ebenfalls auf mystische und metahistorische Kategorien wie die Saudade oder den Sebastianismus bezogen; und aristokratisch, elitär und antibürgerlich war schließlich auch »Orpheu«, die Zeitschrift, um die sich die portugiesische Avantgarde scharte und die in Portugal die gleiche Attacke gegen den Bourgois, den »Pantoffelhelden« (den von Sá-Carneiro so hart angegriffenen *lepidóptero*), ritt wie in Italien die Zeitschriften »La Voce« und »Lacerba«*. Damit wir uns recht verstehen: die jungen Leute von »Orpheu« hielten sich für Revolutionäre, oder vielleicht war es ihnen als braven Rebellen gar nicht so wichtig, welche zu sein. Ihre Revolte richtete sich sowohl gegen die reaktionärsten Auswüchse der Kultur als auch gegen den müden Positivismus des Bürgertums, das zwar guten Willens, jedoch nur oberflächlich gebildet und schrecklich rückständig war und das in Fragen der Ästhetik unbeirrbar am Modell des Naturalismus à la Zola festhielt. Die Revolte des »Orpheu« orientierte sich an Europa: sie importierte alle Ismen, die am Seineufer gerade *en vogue* waren (Dadaismus, Futurismus, Kubismus, Orphismus, Simultaneismus), und machte sie an der Mündung des Tejo heimisch,

* »Lacerba«: von Giovanni Papini und Ardengo Soffici gegründete Florentiner Kulturzeitschrift (1913-1915), polemisierte gegen bürgerliche Kunst und Lebensart und forderte Krieg, Revolution und Nationalismus (Anm. d. Übers.).

und darüber hinaus erfand sie noch ein paar eigene (Sensationismus, Paúlismus, Intersektionismus): avantgardistische Seifenblasen, die, heftig beklatscht im stets gleichbleibenden Freundeskreis, etwas melancholisch zerplatzten, nachdem sie sich vom Strohhalm ihres Erfinders – immer wieder er, der unvergleichliche Fernando – gelöst hatten. Die Vermutung liegt nahe, das antidemokratische Element der portugiesischen Avantgarde hätte – die Zeiten sind ja auch danach – den Keim latenter (oder manifester) Gewalt in sich getragen, wie Marinettis Manifest mit seiner Kolben- und Kanonen-Mystik, das ja auch tatsächlich hielt, was es versprach. Dem ist jedoch nicht so. Der portugiesische Futurismus, der mit Geschwindigkeit, Lokomotiven, Granaten und Explosionen aller Art (auch denen der Wörter, die sehr wenig Freiheit genossen) wenig anzufangen wußte, ist ein verinnerlichter, psychologischer und paradox introvertierter Futurismus, der sich den Menschen der Zukunft möglicherweise als Ergebnis einer Flucht aus oder einer Befreiung von einer Gegenwart vorstellte, in der man wahrscheinlich ein großes Unbehagen verspürte. Das scheint mir das auffälligste Merkmal des portugiesischen Futurismus zu sein, der vom Dekalog Marinettis so sehr abwich und einer ganzen Generation von Intellektuellen als Abschreckungsmittel (aber auch als Zuflucht) diente, die mit seiner Hilfe ihre Rebellion und ihre Wut, ihr Unbehagen und ihre Trauer zum Ausdruck brachten, auch wenn sie nie völlig die Deckung aufgaben, um dem verhaßten *lepidóptero* und seiner Ästhetik einmütig den Krieg zu erklären, sondern sich in vielen Nebengefechten verzettelten und Privatduelle ausfochten (und verloren), die einem würdevollen und etwas altmodischen Ritual gehorchten: das finanzielle Desaster der Zeitschrift »Orpheu« bereits nach der zweiten Nummer; »Portugal futurista«, das noch druckfrisch von der

Polizei beschlagnahmt wurde; Sá-Carneiro, der im Frack in einer bescheidenen Pariser Pension Selbstmord beging; Almada Negreiros, der nach Europa ins Exil ging, wie vor ihm bereits Souza Cardoso und Santa-Rita Pintor; ganz zu schweigen von Pessoas Niederlage (die jedoch keine existentielle, sondern eine ontologische Niederlage war), der sich immer mehr mit seiner bescheidenen Rolle eines kleinen Angestellten zufriedengab.[4]

Die Brille für die Große Reise

So sieht das kulturelle Klima aus, in dem Pessoa agiert und das sich bei ihm, auf ideologischer Ebene, fortsetzt im Bekenntnis zu nationalistischem, imperialistischem und sogar pro-diktatorischem Gedankengut. Der Vergleich mit einem Autor unserer Tage, Borges, ist allerdings müßig, auch wenn er auf den ersten Blick zwingend erscheinen mag. Pessoas Dichtung ist die komplexeste, schmerzvollste und tragischste, gleichzeitig aber auch die luzideste und unbarmherzigste Analyse, die ein Mensch des zwanzigsten Jahrhunderts anstellen kann: ein gequälter Mensch, der sich über alles, nicht zuletzt über sich selbst, lustig macht und der mit seiner Wahrhaftigkeit und seiner Boshaftigkeit, seiner auf die Spitze getriebenen Lust am Paradox und seiner Gabe, ironisch das Gegenteil einer ohnehin schon ironischen Feststellung zu behaupten, eines der revolutionärsten dichterischen Werke des zwanzigsten Jahrhunderts schafft. Um nicht Gefahr zu laufen, ein derart kontroverses, komplexes, unbequemes und sogar Unbehagen verursachendes Denksystem mit oberflächlichen und wahrscheinlich auch überflüssigen politischen Etiketten zu versehen, wollen wir uns auf die Feststellung beschränken, Pessoa sei der »negativen« Literatur des zwanzigsten Jahrhunderts verpflichtet, und allenfalls versuchen, auf die Grundpfeiler dieses Gedankengebäudes hinzuweisen. Als erstes fällt uns dabei die Anti-Vernunft (beziehungsweise die Freisetzung des Traumhaften und des Unbewußten) auf, die an die Oberfläche kommt und sich über die Vernunft hinwegsetzt; und sofort darauf der Triumph der Synchronie über die Diachronie, der durch den Mechanismus der Heteronymie ermöglicht wird und es gestattet, daß alle Ichs gleichzeitig dichten (was, auf ästhetischer Ebene, die Zertrümmerung der Hegelschen Kategorien bedeutet). Und schließlich der Triumph innerer Zeit- und Raumkategorien, die nicht den äußeren, aristotelisch-kartesianischen entsprechen: der Riß, der zwischen dem »Innen« und dem »Außen« des Menschen verläuft.

In unserem so menschenfreundlichen und gleichzeitig so ruchlosen Jahrhundert fürchtet sich Pessoa vor jeglicher Menschenliebe und vor jeglicher Ruchlosigkeit. Er mag weder die tröstlichen, barmherzigen Theorien, deren beunruhigende Kehrseite er zum Vorschein bringt, noch die feierlichen charismatischen Utopien – beinahe als würde er die Greuel und Gemetzel voraussehen, die in ihrem Namen begangen werden sollten. Pessoa ist ein vielfaches, ungeheures schlechtes Gewissen: meines, unseres, eures, das aller Menschen, die guten Willens sind, um was für einen guten Willen es sich auch immer handeln mag. Pessoa ist ein Schmerzensschrei und ein Gewinsel, ein lauter Gesang und eine Grimasse, ein Nagel, der über die Schiefertafel kratzt, auf der ein wackerer Professor gerade den beruhigenden Nachweis seines Theorems erbringen will. Pessoa ist eine Konkretion, eines jener Wesen, die offenbar vom Schicksal ausersehen sind, Leiden auf sich zu nehmen, die nicht die ihren sind. »Morse transmitindo o não do sim«: Wie bei den Morsezeichen in dem Gedicht, das ihm Murilo Mendes gewidmet hat, bei denen das Ja nur als Verneinung existiert, besteht die »Negativität« Pessoas vielleicht darin: In seiner Scheu vor dem affirmativen Zeichen, in seiner Ablehnung des allgemein Gültigen. Denn er weiß, daß sich in jedem Ja, selbst im vollsten und überzeugtesten, ein winziges Nein verbirgt, ein winziges Teilchen, das, auf einer dunklen Umlaufbahn kreisend, das gegenteilige Zeichen transportiert und auf diese Weise ebenjenes Ja hervorbringt, das sich Geltung verschafft. Und er hat beschlossen, die dunkle Umlaufbahn zu erforschen, wie ein verrückter Wissenschaftler, der die krankhafte Seite der Gesundheit erkunden will. Ist er, der absolut nichts lehren will, dieser »feierliche Erforscher der nichtigen Dinge«, als der er sich selbst bezeichnet, eine Warnung oder eine Drohung, ein freundlicher Wink oder ein Gelächter im Dunkeln?

Vielleicht könnte man sagen, daß es Pessoa nicht gelingt, beziehungsweise daß es ihm nicht ohne Traumata gelingt, von der Ebene der Gedanken auf die Ebene der Praxis überzuwechseln; möglicherweise ist er davon überzeugt, daß eine gewisse Dosis an Vulgarität unumgänglich ist, wenn das Wort Fleisch werden soll. Pessoa liebt die Bewegung, nicht die Hand, die die Bewegung ausführt (»O Harfenspielerin, könnte ich deine Geste küssen, ohne deine Hände zu küssen ...!«). Vielleicht verabscheut er die Welt und liebt nur die platonische Vorstellung von der Welt. Und vielleicht wird man eines Tages feststellen, und zwar auf glaubwürdigere Weise als jene Kritiker, die ihn bislang einer oberflächlichen Psychoanalyse unterzogen haben,[5] daß seine »Negativität« im Grunde etwas zutiefst Persönliches, Intimes und Privates war, ein keusches und obszönes Geheimnis: eine trügerische und unschuldige Obszönität, die ein Aspekt der Ohnmacht und eine Sünde (oder ein Laster) der Intelligenz ist. Ein kleines Körnchen, das sich im Bereich des absolut Privaten – vielleicht im Kreis der Familie oder während der Kinderjahre –, auf jeden Fall aber im Bereich des Existentiellen gebildet hat, ist zur Weltanschauung geworden, hat ontologische Dimensionen angenommen, in einer bestimmten Zeit und Kultur einen günstigen Nährboden gefunden und sich dem geradlinigen Verlauf der aristotelisch-kartesianischen Tradition der abendländischen Kultur in den Weg gestellt; und dabei entstanden Tümpel und Sümpfe, bisher unbekannte Nebenlinien und beunruhigende neue Kriterien, aufgrund deren die Beziehung zwischen dem Ich und den anderen, Individualität und zwischenmenschliche Beziehungen, Gesellschaftlichkeit und Privatheit, Normalität und Wahnsinn neu definiert werden konnten. Was ursprünglich ein winziges Körnchen in der Psyche des kleinen Fernando war, wurde beim Dichter Fernando Pessoa zur hochmütigen Sünde der Intelligenz: *zum perversen Verzicht auf die Wirklichkeit, um das Wesen der Wirklichkeit zu besitzen.* Zu einer radikalen, fast angewiderten Verdrängung, aufgrund deren Pessoa zum sublimsten modernen Dichter der Kehrseite, der Abwesenheit und der Negativität geworden ist.

Doch was für Gründe ihn auch immer zu seiner negativen Sicht des Menschen und der Welt bewogen haben mögen – auffällig ist jedenfalls die Tatsache, daß Pessoa dieser Sichtweise ein Leben lang auf luzide und außerordentlich konsequente Weise treu geblieben ist, ohne auch nur ein einziges Mal, nicht einmal auf dem Totenbett, unter dem Vorwand von Reue und Bekehrung Trost zu suchen. Und an dieser Stelle halten wir es ausnahmsweise für gerechtfertigt, der Versuchung des Biographischen nachzugeben und seinen glaubwürdigen Biographen und Freund (seinen Max Brod) João Gaspar Simões zu zitieren, dem zufolge dieser unerschrockene, spöttische – und sehr kurzsichtige – Theosoph kurz vor seinem Tod sagte: »Gebt mir meine Brille«.

Pessoa, wer war das?

Was aber, wenn die Wirklichkeit trotz Pessoas eiskalter und skeptischer Ironie weder sinnlos noch absurd wäre: wenn er also allen Erwartungen zum Trotz »im Jenseits« genau jene lang gesuchte WIRKLICHKEIT (in Großbuchstaben) gefunden hätte, in der er wie in einem Spiegel unsere diesseitige, verachtenswerte und vergängliche Wirklichkeit (in Kleinbuchstaben) gesehen hätte? Wer weiß, wie er sich amüsiert hätte, an jenem Tag im Jahr 1942, an dem er hinter seinen dicken Brillengläsern seine Freunde hätte beobachten können, wie sie sich mit seiner Truhe abplagten? Denn die unveröffentlichten Manuskripte bestätigten nicht nur die Existenz der drei Haupt-Heteronyme sowie die Tatsache, daß sie – gemeinsam mit dem Orthonym – vier eigenständige, umfangreiche und komplexe dichterische Werke (Caeiro, Campos, Reis und Pessoa selbst) hinterlassen hatten, sie ließen nicht nur den heteronymen Prosaschriftsteller Bernardo Soares in einem deutlicheren Licht erscheinen, sie offenbarten darüber hinaus auch noch die Existenz zweier in sich geschlossener philosophischer Werke, als deren Urheber Raphael Baldaya und Antonio Mora zeichneten und die erst vor kurzem veröffentlicht wurden, und die erstaunlichsten Aktivitäten des Orthonyms: man entdeckte Pessoa als Tagebuchschreiber, als Ästhetologen, als Literaturkritiker, als Autor von Kriminalgeschichten. Und außerdem begann eine geheimnisvolle und faszinierende Schar Gestalt anzunehmen: Jean Seul und Thomas Crosse, Charles Robert Anon und Charles Search, Alexander Search und der Baron von Teive, Pantaleão, A. A. Crosse, C. Pacheco ... Und zusätzlich entdeckte man: die Selbstanalysen psychoanalytischer Art, die Briefentwürfe mit den Selbstdiagnosen, die an zeitgenössische Psychiater adressiert waren (und vielleicht nie abgeschickt wurden), Campos' provokante Interviews, die Debatten, die die Heteronyme miteinander führten, die Lobeshymnen und die Verrisse, die sie über die Werke der jeweils anderen schrieben, die Horoskope von Caeiro und Campos; und außerdem: die Visitenkarte Raphael Baldayas, die Schriftproben eines gewissen Robert Anon, der es noch nicht gelernt hatte, wie Robert Anon zu schreiben, die autoritäre, willensstarke und unverwechselbare Unterschrift Campos', die ruhigen Schriftzüge Meister Caeiros. Und schließlich: die Abgründe der Esoterik, die Visionen von Astralkörpern und das luzide Tagebuch, das in seiner unglaublichen und unbarmherzigen Sachlichkeit an einen Krankenbericht erinnert.

In diesem Augenblick waren die wenigen Freunde, die geglaubt hatten, ihn zu kennen, und zwar nicht nur in seiner Eigenschaft als öffentliche Person und Intellektueller, sondern auch in seinen privaten Momenten, die sein »bescheidenes Angestelltendasein, dessen Rituale er auf pathologische Weise einhielt« – wie es Luciana Stegagno Picchio[6] formuliert hat – kannten und die mit dem Alltagstrott dieses Angestelltendaseins vertraut waren, das kaum Überraschungen bot (Hut, dunkler Anzug, möbliertes Zimmer, das Stammcafé, das er aufsuchte, um ein wenig zu plaudern), wahrscheinlich etwas verblüfft. Pessoa – wer war das?

Auf diese Frage ist noch immer keine Antwort gefunden worden, und sie verursacht uns nach wie vor Unbehagen. Vielleicht würde sie ein wenig von ihrer Brisanz verlieren, wenn wir uns der Meinung eines der intelligentesten Kritiker Pessoas anschlössen, der seiner vor einiger Zeit erschienenen Pessoa-Monographie folgende Erklärung vorausschickt: »Der Autor dieses Buches geht von der Annahme aus, die er in vollem Umfang akzeptiert, daß Pessoa ein *genialer* Schriftsteller war. Wenn man die Exegese seines Werkes kennt, weiß man, daß diese Naivität unter seinen Exegeten nicht weit verbreitet ist: man weiß aber auch, daß diese scheinbar billige Annahme das Problem nicht löst.«[7]

Genialität (mit der sich nichts erklären läßt), gewiß; aber auch Wahnsinn. Und das nicht nur wegen der Komplementarität der Begriffe, wegen Lombrosos bekannter Gleichsetzung von Genie und Wahnsinn, sondern weil sich der Wahnsinn in Leben und Werk Pessoas immer wieder, auf latente oder auch ganz manifeste Weise, bemerkbar macht. Im Leben Pessoas äußert er sich auf verschiedenste Weise. Zum erstenmal tritt er zaghaft während der einsamen Kindheit in Erscheinung, als der kleine Fernando die Gestalt des Chevalier de Pas erfindet, um Briefe an sich selbst zu schreiben; dann als Familientragödie, als seine Eltern vor ihrer Abreise nach Durban gezwungen sind, die Großmutter väterlicherseits, die unter schweren seelischen Störungen leidet, in ein psychiatrisches Krankenhaus in Lissabon einzuliefern; zum nächstenmal zeigt er sich während Pessoas Jugendjahren in Südafrika, als er das Heteronym Alexander Search erfindet, das schließlich dem Bereich der Literatur entflieht, zu einer lebendigen Figur wird und mit Pessoa zu korrespondieren beginnt; und ganz offen, wenn auch von luzider Kontrolle eingedämmt, tritt der Wahnsinn schließlich in Form jener *hysterischen Neurasthenie* zutage, die sich Pessoa in einem Brief, der an zwei bekannte zeitgenössische französische Psychiater, Hector und Henri Durville, adressiert ist (und vielleicht nie abgeschickt wurde), selbst attestiert; und auf inzwischen nicht mehr zu kontrollierende Weise überschwemmt er schließlich Fernandos Ich in den »esoterischen« Phasen, während deren er seine Visionen von Astral- und Ätherleibern beschreibt, seinen Röntgenblick und seine innerliche Übereinstimmung mit der Wellenlänge eines unbekannten Meisters.

Aber der Wahnsinn äußert sich ganz offensichtlich auch in seinem Werk. Und nicht nur in Form der Abstürze in die Esoterik, in Form des beinahe nekromantischen Hermetismus mancher orthonymer Gedichte, sondern er liegt bereits der äußeren Form, der Struktur seines Werkes zugrunde, das mehrerer höchst eigenständiger, verschiedenartiger und manchmal sogar gegensätzlicher Autoren bedarf, um zu entstehen. Ganz zu schweigen von der aberwitzigen Präzision, mit der ein jeder von ihnen ins Leben gerufen wird, mit der ein jeder von ihnen mitsamt seinen biographischen Daten, seinen körperlichen Eigenschaften, seiner Wesensart, seinen Ticks und Vorlieben beschrieben wird. Doch auch mit Hilfe der Feststellung, dies alles sei Wahnsinn, läßt sich, wie Eduardo Lourenço in bezug auf die Genialität feststellte, nichts erklären. Denn auf praktischer Ebene funktioniert die Heteronymie perfekt; auch wenn uns der Mechanismus, der die Spaltung bewirkt, nicht klar ist, ist doch jedes einzelne Produkt der Spaltung ein authentischer, eigenständiger, vollständiger Dichter. Der Wahnsinn liegt also außerhalb des Werkes: im Werk selbst wird er rationalisiert und bewältigt.

Und an diesem Punkt müssen wir uns ins Reich der

Fiktion begeben, die die Voraussetzung jeder Literatur ist. Wenn wir uns das Spiel der Literatur beziehungsweise die Aktivität, Figuren zu erfinden, als groteskes Tennismatch vorstellen, bei dem die Bälle immer nur vom Autor serviert werden, während die literarische Figur auf der anderen Seite des Netzes steht und gewissermaßen nur die Funktion hat, Bälle zugespielt zu bekommen, so war Pessoa bereit, bis zur letzten Konsequenz zu spielen. In seinem Fall hat sich das Match jedoch in zweierlei Hinsicht verändert: irgendwann hat der Partner – oder haben die Partner – auf der anderen Seite des Netzes reagiert. Und Pessoa hat fairerweise weitergespielt. Hinter Pessoas Heteronymie verbirgt sich somit kein klinischer Fall, sondern nur ein ganz »gewöhnlicher Wahnsinn«, so wie vielleicht jede Literatur ganz »gewöhnlicher Wahnsinn« ist. Um Pessoa zu erklären und vielleicht auch um das Unbehagen in den Griff zu bekommen, das er auslöst, hat man von Störungen und Traumata gesprochen, von Mangel an Zuneigung, von Ödipuskomplex und verdrängter Homosexualität. Vielleicht trifft das alles zu oder vielleicht auch nicht: Aber darum geht es nicht, und das ist auch nicht von Bedeutung. Von Bedeutung ist vielmehr, daß, wie er selbst gesagt hat, die »Literatur wie jede Kunst der Beweis dafür ist, daß das Leben allein nicht genügt.«

Die Tür zum Labyrinth

Mit Pessoa betritt eines der größten Sorgenkinder der modernen Literatur, das Ich, die Bühne und beginnt von sich zu sprechen und über sich nachzudenken. Dank der präzisen Diagnose, die einem psychoanalytischen Befund in nichts nachsteht, entpuppt sich die Heteronymie als nichts anderes als ein literarischer

Vorgang, bei dem die vielen Menschen, die ein intelligenter und wacher Mensch zu sein vermutet, plötzlich Gestalt annehmen. Dem wäre eventuell noch hinzuzufügen, daß noch nie so sehr wie in unserer Epoche ein intelligenter und wacher Mensch Grund hatte zu glauben, viele Menschen gleichzeitig zu sein. Nerval konnte dem Publikum gerade noch rechtzeitig seinen Verdacht zuflüstern (»Je suis l'autre«), bevor sich der Vorhang über das neunzehnte Jahrhundert senkte, und der Kobold Rimbaud, der wie ein Meteor über die Bühne der Literatur schoß, hatte in seinem Brief an Paul Demeney vom 15. Mai 1871 den subversiven Satz hinausgeschrien: »Je est un autre.«

Es ist jedoch offensichtlich, daß Pessoa, der sorgfältig verschiedene Texte verfaßt, die er dann einem jeweils anderen *anderen* zuschreibt, das Phänomen der Nicht-Verantwortung des Autors für seinen Text weniger in vertikaler Richtung auslotet, wie es für die spätromantischen Poetiken typisch war (obwohl dieses irrationale und unkontrollierbare Moment in wesentlichen Aspekten seines Werkes, etwa in der Technik der *écriture automatique,* deren sich angeblich das erste Heteronym bedient, anzutreffen ist), sondern vielmehr in horizontaler Richtung: als Autor erklärt er sich verantwortlich für einen ursprünglich unkontrollierbaren Vorgang, den er zu beherrschen versucht. Insofern kann man sagen, Pessoa habe sich eine der Lieblings-Problematiken der Moderne bereits *im voraus* zu eigen gemacht, indem er die Rollen innerhalb seines Systems verteilte. Ich sage »im voraus«, denn der »triumphale Tag seines Lebens«, an dem der noch im Dornröschenschlaf liegende Caeiro (und nach ihm Campos und Reis) zum Leben erwacht und zu dichten beginnt, fällt auf einen Tag im März 1914, als es die Moderne und mit ihr die Autoren, die sich durch die Falltür der Literatur in die unterirdischen Gänge des Ich begeben

(Breton und seine Jünger auf der einen Seite, Svevo mit *Zeno Cosini,* Pirandello mit *Einer, keiner, hunderttausend,* Joyce mit *Finnegans Wake* und Machado mit *Juan de Mairena* auf der anderen), noch gar nicht gab.[8] Die Heteronymie oder der vielfältige Mensch; oder, paradoxerweise: die Pathologie und die Therapie der Einsamkeit. Denn auch unter dem Aspekt der Einsamkeit, des zweiten großen Protagonisten der Moderne neben dem Ich (und dessen unmittelbare Folge), läßt sich die Heteronymie deuten. Denn wenn das Ich auf dem Spiel steht, *secundum non datur.* Das Ich ist ein Blick nach innen, ausschließlich nach innen: der Mikrokosmos wird zum Makrokosmos, das Subjekt schließt das Objekt aus, beziehungsweise das Subjekt wird zu seinem eigenen Objekt, setzt sich als *das andere.* Den anderen gibt es nicht mehr, sondern nur das Alter ego: das Heteronym. Die Heteronymie in ihrer Vielfalt ist ja eine Einsamkeit, die metaphysische Dimensionen annehmen kann und als solche zur zweiten großen Problematik der modernen Kultur wird (Kafka, Heidegger, Camus, Beckett).

> Ich bin allein, so wie es noch niemand war,
> Leere in mir, ohne Vorher noch Nachher.

So lauten zwei Verse aus einem der ersten Gedichte (1917) Álvaro de Campos'. Desselben Campos, der uns in *Passagem das horas (Stundenzug)* auf großartige, fast grausame Weise das Geheimnis seiner Gespaltenheit offenbart:

> Ich vervielfachte mich, um mich zu fühlen,
> ich mußte alles fühlen, um mich zu fühlen,
> ich trat aus den Ufern und strömte über,
> entkleidete mich und gab mich hin,
> und in jedem Winkel meiner Seele raucht ein Altar
> für einen anderen Gott.[9]

Aber die metaphysische Einsamkeit ist bloß die »sichtbare Spitze« der Einsamkeit des rätselhaften Portugiesen, der zu Beginn des Jahrhunderts die beunruhigendsten Themen der Literatur, die nach ihm kommen sollte, vorweggenommen hatte: »Darunter« verbirgt sich die Einsamkeit des Menschen, das eintönige Leben eines kleinen Angestellten, das zur Metapher einer existentiellen Einsamkeit wird, die keinerlei Weggefährten zuläßt, weder menschliche noch ideologische oder religiöse. Und an dieser Stelle ist es wahrscheinlich unumgänglich, einen kurzen Ausflug ins Biographische zu unternehmen, obwohl man Unbehagen und beinahe ein Gefühl der Schuld empfindet, wenn man das Leben eines solchen Menschen unter die Lupe nimmt, wenn man den grauen, sorgfältig angelegten Chitinpanzer durchbricht, unter dem Fernando Pessoa sein unauffälliges Leben eines kleinbürgerlichen Insekts führte.

Schreiben, leben

Dem muß jedoch vorausgeschickt werden, wie »modern« selbst dieses Leben ist! Zwar schimmerten in diesen Jahren noch Gold und Brokat und der dekadente Pomp Huysmans' und D'Annunzios auf der Bühne der Literatur, die überdies von lauten Übermenschen beherrscht wurde, doch waren sie bereits Überreste einer anderen Epoche, Relikte des untergegangenen neunzehnten Jahrhunderts. Und man versteht, wie modern selbst Pessoas Lebensweise war, wie sehr sie die Quintessenz und das Paradigma der bürgerlichen Lebensweise Valérys und Svevos darstellt oder vielmehr eher der Lebensweise von Monsieur Teste und Zeno Cosini als der von Valéry und Svevo selbst, daß sie kafkaesker als eine Kafka-Gestalt war: Pessoa als Prototyp des »Mannes ohne Eigenschaften«, des armen Schluckers, des kleinen Angestellten, der sein Leben in tristen möblierten Zimmern verbringt und eines Tages wie Gregor Samsa als Käfer aufwachen könnte. Auch was sein Leben betrifft, ist Pessoa eine exemplarische Gestalt der modernen Literatur. Wenn Valéry mit Monsieur Teste, Svevo mit Zeno Cosini und Kafka mit dem Landvermesser und mit K. in gewisser Weise ihr Leben in beispielhafter Weise dargestellt haben, wobei sie den Ton um einige Oktaven senkten und ihr Leben in der Literatur so klein und unbedeutend wie nur möglich darstellten, so hat Pessoa diese Rolle wirklich gelebt.

Zunächst ist Fernandos Einsamkeit ein Ergebnis der Umstände. 1893, da ist Fernando erst fünf Jahre alt, stirbt sein Vater an Tuberkulose, ein Jahr darauf sein jüngerer Bruder (genau in diesem Jahr tritt auch die Figur des Chevalier de Pas in Erscheinung); von nun an lebt Fernando in der Stille eines von Trauer und Wahnsinn gezeichneten Hauses; dann die Einlieferung der Großmutter in ein Lissaboner Irrenhaus, die Entwurzelung, die Abreise nach Durban, wo sich der Wohnsitz seines Stiefvaters, des Kommandanten João Miguel Rosa, befindet, der portugiesischer Konsul in Südafrika war; und schließlich die Jugend in Südafrika, die Pessoa in seinem Werk nie, kein einziges Mal erwähnt: dabei hat er zehn Jahre lang, von 1896 bis 1905, dort gelebt. Um eine Vorstellung von jener Zeit zu bekommen, deren er selbst nie gedenkt, die er so starrköpfig verdrängt und aus seiner Dichtung verbannt, leistet die sepiafarbene Ikonographie aus dem Familienalbum, leisten die verschiedenen Photographien gute Dienste. Eine davon ist eine Freilichtaufnahme, auf der keine Menschen zu sehen sind: sie zeigt die strenge neugotische Kapelle und einen Teil der würdevollen St. Joseph's School in Durban, wo Fernando die Volksschule besuchte. Ein unpersönliches und alltägliches Bild, das den Blick nicht zu fesseln vermag: In Verbindung mit Pessoas Kindheit ist es jedoch ein Zeugnis des Puritanismus, einer strengen und repressiven Erziehung, des Viktorianismus, den Pessoa fern der Heimat am eigenen Leib erfuhr. Das zweite Foto, eine Atelieraufnahme, ist so eine Art Identitätsausweis, wie ihn damals jede bürgerliche Familie besaß, auf dem sie ihre Nachkommenschaft, ihren gesellschaftlichen Status, ihren Geschmack und Lebensstil zur Schau stellte. Auf diesem Foto trägt der zehnjährige Fernando Schuluniform – dunkle Bluse mit Schleife am Kragen und Knickerbocker mit Kniestrümpfen –, eine Hand hat er etwas unbeholfen zur Hälfte in die Tasche gesteckt. Seinen Strohhut mit dem Band drumherum, eines jungen Herrn würdig, hat der Photograph auf einen jener schrecklichen Baumstümpfe gelegt, die in den Fotoateliers der Jahrhundertwende so beliebt waren. Das letzte, das realistischste Foto, entzieht sich dem Kodex der gesellschaftlichen Repräsentation. Der Schnappschuß zeigt die Familie auf der Treppe ihres Cottage in Durban. Ganz rechts sitzt der Kommandant Rosa, in Zivil, er ist schon in den besten Jahren und ein wenig korpulent, mit mürrischem, jedoch gutmütigem Gesicht; an seinem Knie lehnt der Zweitjüngste. Ganz links sitzt Frau Madalena, die durch ihre frühzeitig weiß gewordenen Haare älter wirkt, als sie ist, mit dem Jüngsten auf den Knien; und in der Mitte der Treppe, neben seiner kleinen Schwester, jedoch etwas abseits, sitzt der halbwüchsige Fernando: ein zarter Jüngling mit hängenden Schultern, der die Hände gefaltet auf einem Knie liegen hat, dessen Mund von einem kaum wahrnehmbaren melancholischen Zug umspielt wird und dessen Blick sich irgendwo hinter dem Objektiv verliert. Er sitzt unbequem, als ob er es eilig hätte, wie jemand, der nur auf der Durchreise ist und sich fehl am Platze fühlt. Es ist durchaus vorstellbar, daß sich auf seinem Gesicht die *saudade* spiegelt, die Sehnsucht nach dem Lissabon jener Zeit, als »er glücklich und noch niemand gestorben war«:

Zu der Zeit, in der sie meinen Geburtstag feierten,
war ich glücklich, war noch niemand gestorben.
Im alten Hause war selbst mein Geburtstag eine uralte
Tradition,
und die allgemeine Freude, auch meine, war so sicher
wie irgendeine Religion.[10]

Ein Lissabon, das in ihm weiterlebt, als unversehrtes Bild der kindlichen Erinnerung: unwiederholbar und unwiederbringlich (aber das weiß Fernando noch nicht, das kann er erst viele Jahre später formulieren):

Abermals seh ich dich wieder,
du Stadt meiner schrecklich verlorenen Kindheit ...
Heitere, traurige Stadt, abermals träume ich hier ...
Ich? Aber bin ich derselbe, der hier gelebt hat, der
hierher zurückkam,
von neuem zurückkam und wieder von neuem?
Oder sind wir sämtliche Ichs, die hier waren,
eine Anzahl von Perlen, verbunden durch einen
Gedächtnisfaden,
eine Reihe von Träumen eines Außer-Ichs über
mich?[11]

Fernando kehrt 1905 nach Lissabon zurück, um sich an der philosophischen Fakultät einzuschreiben, mit seinem Abschlußzeugnis und dem Queen Victoria Memorial Prize in der Tasche, den er bei der Aufnahmeprüfung an der Universität des Kaps erhalten hat.

Offensichtlich hat er den Verlockungen der Kindheitserinnerungen nicht länger widerstehen können. Doch inzwischen ist die Einsamkeit zu einem Teil seiner selbst geworden, auch seiner kulturellen Identität. Es ist die Einsamkeit des *estrangeirado*, des Fremden im eigenen Land, des Anderssprachigen: eine Einsamkeit ähnlich der des »Deutschen« Kafka und des »Franzosen« Beckett. Nach außen hin paßt sich Pessoa zwar an, indem er eifrig Portugiesisch nachlernt und atemlos die Literatur seiner Heimat verschlingt, indem er sich als Intellektueller betätigt, kläglich scheiternde Verlagsprojekte und das Abenteuer der Avantgarde in Angriff nimmt. Dahinter verbirgt sich jedoch seine Unfähigkeit, in der Realität Fuß zu fassen, das Gefühl einer allgemeinen Sinnlosigkeit und Entfremdung, das Bedürfnis nach Sicherheit und geordneten Verhältnissen, aufgrund dessen er schließlich, nachdem er das Studium an den Nagel gehängt hat, bei einem Angestelltendasein Zuflucht sucht, das sich ausschließlich zwischen Büro und möbliertem Zimmer abspielt. Seine *personal notes*, die er abends in jener Sprache niederschreibt, die er für seine Selbstgespräche benutzt (Englisch), sind ein beredtes Zeugnis seiner Einsamkeit. Außer einem Notizheft, in dem sich Anmerkungen verschiedenster Art finden (Kritik, Philosophie, Lektüre, Diverses), gibt es auch noch ein kleines Tagebuch, das in jenem sachlichen und unpersönlichen Krankenbericht-Stil gehalten ist, dessen Pessoa sich hin und wieder bedient, wenn es um ihn selbst in erster Person geht: dieses Tagebuch ist das karge Protokoll seines Alltags zwischen Februar und April 1913; unfreiwillig bringt es die Eintönigkeit seines Lebens und seine Einsamkeit so deutlich zum Ausdruck, daß sich jeder Kommentar erübrigt.

Und schließlich jener schicksalshafte Abend im März 1914, an dem das erste Heteronym das Licht der Welt erblickt, gefolgt von einer ganzen Schar fiktiver Gestalten. Beziehungsweise, wie bereits gesagt, die Therapie der Einsamkeit. Der Einsamkeit eines Mannes, der sich selbst wiederum im Spiegelbild dreier einsamer Männer wiedererkennt. In den sorgfältig verfaßten biographischen Notizen zu Caeiro, Campos und Reis fehlen denn auch alle Hinweise auf familiäre Bindungen oder Liebesbeziehungen. Doch damit nicht genug. Auch sie sind wie ihr geistiger Vater *déplacés,* Ausgeschlossene: Reis lebt, weil er Monarchist ist, freiwillig im brasilianischen Exil; Campos, der in Glasgow ausgebildete Schiffsingenieur, lebt untätig in Lissabon; Caeiro, in dessen biographischer Notiz bereits sein Todesdatum vermerkt ist (er war 1889 geboren und starb 1915, ein Jahr nach seiner Geburt als Heteronym), verbrachte sein Leben auf dem Lande, bei einer alten Tante.

Und von dem Augenblick an, in dem die Einsamkeit sich verdreifacht, sind alle Plätze besetzt: von nun an ist Fernando Pessoa ein geschlossener Kreislauf, ein sich selbst genügendes System. Was die Literatur anbelangt, so weiß man von seiner Freundschaft mit zeitgenössischen portugiesischen Intellektuellen (vor allem mit dem Dichter Mário de Sá-Carneiro); dabei handelt es sich jedoch um eine Beziehung, die selten über den intellektuellen und kulturellen Bereich hinausgeht, denn auf persönlicher Ebene bleibt man stets kühl und zurückhaltend. Was sein Privatleben anbelangt, so weiß man von seiner Zuneigung zu Ophélia Soares Queiroz, einer jungen Dame aus guter Lissaboner Familie, die in einer der Firmen angestellt war, deren Geschäftsbriefe er ins Englische und Französische übersetzte: eine Beziehung, die völlig in einem Bereich angesiedelt ist, der ans Schmerzhafte, Morbide, um nicht zu sagen, an Selbstverstümmelung grenzt. Pessoa schreibt ihr Liebesbriefe, deren Ton bei einem Menschen wie ihm verblüfft, so sehr klingen sie nach »normalem Verlobten«. Und so geht das Spiel weiter, in einer Atmosphäre, die auf den ersten Blick einfach zärtlich und pathetisch wirkt, bei der man jedoch den Verdacht nicht los wird, daß sich darunter etwas Klebriges und Groteskes versteckt. Allerdings ist es schwierig, einen Brief wie jenen zu beurteilen, in dem Fernando Ophélia – die, wie er wußte, fromm und gläubig war – aufforderte, für seinen Freund A. A. Crosse zu beten. Dieser Freund, ein begeisterter Scharadenspieler, hatte sich bei einem von der Londoner »Times« veranstalteten Wettbewerb beteiligt, bei dem ein fetter Preis winkte: Sollte er gewinnen, würde er natürlich Fernando großzügig einen beträchtlichen Teil des Geldes überlassen, damit er und Ophélia sich kaufen konnten, was sie brauchten, um einen Hausstand zu gründen. Bloß stammte A. A. Crosse aus derselben Region wie Reis, Campos und Caeiro. Zweifellos handelte es sich dabei um einen Scherz, von dem Ophélia wußte, doch angesichts des komplizierten Verhältnisses zwischen Pessoa und seinen Heteronymen liegen die Dinge doch nicht so einfach, wie man vielleicht denken könnte.

Ein Mann, viele Avantgarden

Ich glaube, an dieser Stelle können wir den Ausflug ins Biographische beenden. Im übrigen ist es weniger (aber auch) die »untere«, private Ebene, die uns Pessoa durch seine Dichtung vermittelt, es ist vielmehr das von allen Resten des Individuellen gereinigte Paradigma einer Daseinsform, die nicht nur für ihn, sondern für den zeitgenössischen Menschen schlechthin gilt.

Aber abgesehen von seinem Privatleben, das sich zwischen Büro und Pension abspielte, aus Arbeitszeit und Einsamkeit bestand, führte Pessoa auch noch ein anderes Leben. Kaum ist der Angestellte Fernando Pessoa nach seinem Bürotag nach Hause gekommen und hat die Ärmelschoner des Schreibers abgestreift, geht eine Verwandlung mit ihm vor. Und er erfindet die portugiesische Avantgarde, beziehungsweise mehrere avantgardistische Strömungen. Zwanzig Jahre lang, von 1910 bis 1930, prägt er das kulturelle Leben seines Landes. Zuerst schlüpft er in die Rolle des »paúlischen« Dichters (die wichtigsten Texte: *Impressões do Crepúsculo, Hora Absurda, Ó sino da minha aldeia*): kaum vergleichbar mit kulturellen Strömungen in anderen Breiten, weist der »Paúlismus« dennoch Ähnlichkeiten mit dem späten Symbolismus und dem Jugendstil auf: ein ins Krankhafte und Schmachtende gesteigerter Orphismus, der seine Wahlverwandtschaften bei Campana, Klimt und Gaudí findet. Doch die Rolle des »Paúlikers« hat Pessoa bald satt. 1914, als er von seinem ersten Ausflug als Heteronym (Alberto Caeiro) zu sich selbst zurückkehrt, legt er in *Chuva Oblíqua (Schräger Regen*, deutsch in: Fernando Pessoa, *Dichtungen,* Übersetzung: Georg Rudolf Lind, Fischer, Frankfurt a. M. 1965) die Regeln für den »Intersektionismus« fest: eine Strömung, bei der er nicht nur der Meister, sondern gleichzeitig auch der einzige wirkliche Jünger ist und die alle geistigen Anstöße der Zeit zu Poesie verdichtet: Delaunay, die Zerstörungswut der Futuristen, die Atonalität und die physikalischen Raum- und Zeittheorien. Wie Fregoli* in einem Anfall von Verkleidungswut bietet sich der Angestellte Pessoa seinem Publikum in einer Reihe von Glanznummern dar: er ist die treibende Kraft hinter der Zeitschrift »Orpheu«, er ist einer der Futuristen, die sich um »Portugal Futurista« scharen, er ist der »Sensationist« Álvaro de Cam-

* Leopoldo Fregoli (1867-1936): Schauspieler, der für sein Verwandlungstalent berühmt war (Anm. d. Übers.).

pos, der den zeitgenössischen literarischen Mandarins ein Ultimatum stellt, er bedient sich der *écriture automatique,* wobei seine Werke von einem unbekannten Meister diktiert werden; er ist einerseits der lauteste Antikonformist und andererseits ein ruhiger und friedlicher Klassizist, der in der Zeitschrift »Athena« publiziert; und in »Presença«, der bedeutendsten portugiesischen Zeitschrift der dreißiger Jahre, die ihn als Gründervater feiert, tritt er immer wieder als Ehrengast auf. Der kleine Angestellte hat offenbar für alle etwas, sein Reichtum ist unerschöpflich.

Über seine Monologe senkt sich indessen langsam der Vorhang.

Die Galaxie der Heteronyme

Allein die Tragweite der von Pessoa angeschnittenen Probleme (das Bewußtsein, das Ich, die Einsamkeit) und die beunruhigende Art und Weise, mit ihnen umzugehen (die Heteronymie), würden schon reichen, um ihn zu einer der Schlüsselfiguren der zeitgenössischen Dichtung zu machen, zu einer verwirrenden und unumgänglichen Erscheinung der Moderne. Doch damit nicht genug. Denn die vier Dichter (um nur die wichtigsten Heteronyme zu nennen) hat Pessoa nicht nur deshalb ins Leben gerufen, um seine Einsamkeit zu kommentieren. Eigentlich beschäftigt sich ein jeder der vier auf seine eigene, dramatische Weise mit den großen Themen der Philosophie und der Dichtung unseres Jahrhunderts. Das Orthonym ist der esoterische und mystische Autor der hermetischen Gedichte und der Gedichtsammlung *Botschaft,* der Ästhet, der den »Paúlismus« überwindet, um sich mit *Schräger Regen* als »intersektionistischer« Avantgardist zu versuchen, der die neuen Raum- und Zeittheorien verarbeitet, die im Laufe der Moderne entwickelt werden; es steht aber auch für den metaphysischen Schauder, für den Schrecken des Menschen angesichts der Dinge, für das Kranken am Leben und die Selbsterkenntnis, für das Leid des Krieges. Campos, der widersprüchliche, leidenschaftliche und gequälte Futurist, verzehrt sich auf der Suche nach Erkenntnis, nach dem »Ring, der nicht hält«, und resigniert angesichts der schrecklichen *Wahrscheinlichkeit* des Wirklichen. Caeiro, der Phänomenologe, ist das Auge, die olympische und gleichzeitige düstere Betrachtung der Welt. Reis, der Monarchist im Exil, dessen Lieblingsautor Horaz ist, steht mit seinem merkwürdigen Klassizismus für die ironische Anerkennung einer unverständlichen und unveränderlichen Welt. Dies in wenigen Worten, denn alle vier sind widersprüchliche, komplexe, mit komplizierten psychischen Mechanismen ausgestattete Dichter, die unterschiedlichen, zuweilen auch gegensätzlichen kulturellen Traditionen verpflichtet sind: ein jeder der vier ist ein Universum wie jeder Mensch.

Und außer diesen Universen gibt es noch weitere nebulöse Systeme, weit entfernte Sterne, die nur ein schwaches Licht auf die Erde senden, kleine Satelliten, Meteoriten, die augenblicklich verglühen und in der Nacht verschwinden, Kometen: die Rede ist von dem Philosophen António Mora, einem Insassen der psychiatrischen Klinik von Cascais, der unter anderem beispielhafte Anmerkungen zum Heidentum verfaßt hat; von Raphael Baldaya, einem paradoxen Denker und Nihilisten, dem Autor eines *Tradado da Negacão;* von Bernardo Soares, einem sogenannten Halb-Heteronym, der ein wunderbares Tagebuch mit dem Titel *Livro do Desassossego (Das Buch der Unruhe)* verfaßt hat, in dem das Universum der Friseurläden besungen wird. Und darüber hinaus gibt es noch weitere flüchtige Gestalten, die von der Kritik Sub-Heteronyme genannt werden – eine Bezeichnung, deren Ratlosigkeit die Qual der Exegeten angesichts eines derart komplexen Werks offenbart, fast als ob es sich dabei um ein Phänomen aus dem Tier- oder Pflanzenreich handelte, das man in Rassen und Gattungen, in Spezies und Sub-Spezies unterteilen muß, um sich darin zurechtzufinden: A. A. Crosse, der Liebhaber von Rätsel-Scharaden, der nur deshalb ins Leben gerufen wurde, damit er sich an den von der »Times« veranstalteten Wettbewerben beteiligen konnte, Frederico Reis, der Cousin des berühmteren Ricardo, ein Kritiker und Literat; Alexander Search, der Autor einiger englisch geschriebener Erzählungen, philosophischer und esoterischer Texte, von dem sich unter den Manuskripten in der Truhe ein Zettel gefunden hat, der einen Pakt mit dem Teufel besiegelt; C. Pacheco, von dem das bisher einzige Gedicht stammt, das in der Tradition der *écriture automatique* geschrieben wurde. Und außerdem: Charles Robert Anon, Vincente Guedes, Abílio Quaresma, der Baron von Teive ... Namen, verlorengegangene Unterschriften, äußere Erscheinungsformen. Von diesem Augenblick an wird die Heteronymie tatsächlich zu einer Galaxie, in der man die Orientierung, wenn nicht gar den Verstand verliert. Von diesem Augenblick an *ist* Pessoa zweifellos die Heteronymie: schlicht und einfach von einem literarischen Kunstgriff zu sprechen wäre selbstgefällig und überheblich.

Es fehlt immer etwas

Natürlich kann man sagen, wie es auch schon geschehen ist, jedes Heteronym sei (doch das gilt, zumindest im Augenblick, nur für die wichtigsten Heteronyme) ein Kapitel eines einzigen Poems, ein Aspekt des Lebens, doch auch diese Feststellung befriedigt uns nicht vollständig, denn Pessoas »Poem« entfaltet sich synchron, alles geschieht gleichzeitig, die Zeit scheint sich zu verflüssigen. In dem Augenblick, in dem Pessoa Caeiro den glaubwürdigen Schein einer objektiven Wirklichkeit beschreiben läßt, hat Campos den Schein bereits zerstört und resigniert dessen »Wahrscheinlichkeit« zur Kenntnis genommen, hat sich Reis bereits epikureisch mit dem abgefunden, was ihm die Wirklichkeit zu bieten hat, ist Pessoa selbst dieser Wirklichkeit bereits entflohen, um anderswo eine Antwort und einen Sinn zu finden. Wie der ruhende Beobachter in Einsteins Relativitätstheorie (mit der Álvaro de Campos übrigens seine *nicht-aristotelische Ästhetik* vergleicht) wird Pessoa zum ruhenden Beobachter seines Lebens: es gelingt ihm, die Diachronie als Synchronie zu leben. Als ob er *immer und jetzt* lebte.

Aber wie viele Leben sind in einem Leben? Man braucht ja nur ein Menschenleben in Form der Bilder Revue passieren lassen, die zu verschiedenen Zeiten entstanden sind. Läuft uns da nicht ein kalter Schauer über den Rücken? Handelt es sich um ein und denselben Menschen, über verschiedene Zeiten verteilt, oder um die Zeit, über mehrere Menschen verteilt? Und erschrecken wir nicht auch beim Anblick derer, die selbst im Alter noch dasselbe Gesicht wie in ihrer Kindheit haben? Und außerdem: Wie lange dauert ein Leben? Wer hat recht, die offiziellen Daten oder der in einer Öllampe eingeschlossene Geist aus *Tausendundeiner Nacht?*

»Jahrhunderte um Jahrhunderte, und alles geschieht nur in der Gegenwart; zahllose Menschen in der Luft, am Boden und auf See; und doch geschieht alles, was wirklich geschieht, mir ...« Diese Zurkenntnisnahme der Mittelmäßigkeit, zu der uns die Einzigartigkeit des Seins zwingt, des Gefängnisses des Hier und

Jetzt, worüber eine Gestalt in Borges' *Garten der Pfade, die sich verzweigen* verzweifelt nachdenkt, hat Pessoa umgangen, indem er viele andere war, so viele wie nur möglich; und zwar gleichzeitig. Damit hat er sich des Hochmuts und der Gotteslästerung schuldig gemacht – eine Sünde, die die griechischen Götter schrecklich bestraft hätten. Und auch Dante hätte sich eine Buße für ihn ausgedacht, die einem derartigen Verstoß angemessen gewesen wäre. Doch Pessoa ist dem Zorn der Götter, die er herausgefordert hatte, gewiß nicht entgangen; allerdings hat er auch ohne Religion die Strafe gefunden, die ihm gebührt. Aufgrund seiner Luzidität ist ihm selbst in dem Augenblick, in dem er sündigt, in dem er ist, wer er nicht hätte sein dürfen, völlig bewußt, daß »falta sempre uma cousa, um copo, uma brisa, uma frase, / e a vida dói quanto mais se goza e quanto mais se inventa«: daß immer etwas fehlt, ein Glas, eine Brise, ein Satz, und daß das Leben schmerzt, je mehr man es genossen, je mehr man es gefunden hat.

Ein Leben, viele Leben

Fernando Pessoa

Fernando António Nogueira Pessoa wird am 13. Juni 1888 in Lissabon geboren, als Sohn von Madalena Pinheiro Nogueira und Joaquim de Seabra Pessoa, der Musikkritiker bei einer Lissaboner Zeitung war. 1893 stirbt sein Vater an Tuberkulose, ein Jahr später Fernandos jüngerer Bruder. In diesem Jahr taucht die erste erfundene Gestalt auf, der Chevalier de Pas, in dessen Namen Fernando sich »selber Briefe schrieb« (siehe dazu den Brief über die Heteronymie an Casais Monteiro). 1895 heiratet die Mutter den Kommandanten João Miguel Rosa, der portugiesischer Konsul in Durban ist, und die neugegründete Familie zieht nach Südafrika, wo Fernando die Schule besucht und die Aufnahmeprüfung an der Universität des Kaps ablegt, bei der ihm der Queen Victoria Memorial Prize zuerkannt wird. Trotzdem beschließt er, das Studium in seiner Heimat fortzusetzen und kehrt 1905 nach Lissabon zurück, wo er sich an der philosophischen Fakultät einschreibt. Er bricht das Studium ab und stürzt sich in ein zum Scheitern verurteiltes Verlagsprojekt, wobei er das Erbe seiner Großmutter väterlicherseits in eine Druckerei investiert. Er arbeitet als Handelskorrespondent in einigen Lissaboner Firmen und zieht zu einer Tante, bei der er viele Jahre lang wohnen wird.

1913, nachdem er seine Erfahrungen mit dem »Saudosismus« Teixeira de Pascoaes' gemacht hat, erfindet und lanciert er den »Paúlismus«, der unter den Dichtern seiner Generation sofort enthusiastische Anhänger findet.

1914 (am 8. März) tritt Alberto Caeiro in Erscheinung. Ihm folgen Ricardo Reis und Álvaro de Campos.

1915 gründet er gemeinsam mit Mário de Sá-Carneiro und anderen Freunden (darunter Almada Negreiros und Armando Cortes-Rodrigues) »Orpheu«, eine Avantgardezeitschrift, um die sich Vertreter des Futurismus, des Paúlismus und des Kubismus scharen und die mit der dritten Nummer eingestellt wird, nachdem sie in portugiesischen Literaturkreisen eine ebenso weitreichende wie kurzlebige Polemik ausgelöst hat. Pessoa übersetzt einen theosophischen Traktat von C. W. Leadbeater und stürzt sich Hals über Kopf in die Esoterik und die Theosophie (Rosenkreutz, Blake, Swedenborg), eine Erfahrung, die das orthonyme Werk grundlegend beeinflußt. 1916 geht Sá-Carneiro nach Paris. In einem Brief an ihn spricht Pessoa von seiner Absicht, sich in Lissabon als Astrologe niederzulassen. Er hat sich mittlerweile als Medium versucht und spricht von Visionen von »Astral- und Ätherleibern«, die ihm die Existenz eines unbekannten Meisters bestätigten. Als sich Sá-Carneiro in einer bescheidenen Pariser Pension mit Strychnin vergiftet, schreibt Pessoa, er habe den Selbstmord »telepathisch mitgefühlt«, wenige Stunden, bevor er begangen wurde.

1920 läßt er sich zum ersten- und letztenmal in seinem Leben auf ein Liebesabenteuer ein. Die von ihm verehrte Ophélia Queiroz ist in einem der Handelshäuser angestellt, für die Pessoa arbeitet. Ihr schreibt er wirre und geniale, zynische und herzzerreißende, dunkle und entwaffnend offene Briefe. Nach einer Pause von einigen Jahren bricht die Beziehung 1929 endgültig ab.

1926 setzt ein Militärputsch der parlamentarischen Republik ein Ende. In einem Interview, das in einer Lissaboner Zeitung erscheint, legt Pessoa zum erstenmal seine Theorie des »Fünften Reichs« dar. Gleichzeitig bietet ihm die in Coimbra erscheinende Zeitschrift »Presença«, die bedeutendste portugiesische Zeitschrift der Zeit zwischen den Kriegen, die Ehrenbürgerschaft an und feiert ihn als geistigen Vater.

1934 veröffentlicht er *Botschaft,* den einzigen Gedichtband auf portugiesisch, der nicht postum erscheint: eine im Eigenverlag gedruckte Broschüre, mit der er sich um einen vom Sekretariat für Propaganda ausgeschriebenen Preis bewirbt, bei dem als Thema die portugiesische Expansion in der Welt vorgegeben ist. Pessoa erhält den zweiten Preis: der Priester Vasco Reis mit seinem Werk *Romaria (Pilgerfahrt)* wird ihm vorgezogen.

Am 30. November 1935 stirbt Pessoa in Lissabon, im Krankenhaus St. Luís dos Franceses, an einer akuten Lebererkrankung, möglicherweise infolge exzessiven Alkoholgenusses.

1942 beginnt der Lissaboner Verlag Ática, Pessoas *Gesammelte Werke* herauszugeben; als erster Band erscheinen seine orthonymen Gedichte.

Alberto Caeiro

Alberto Caeiro da Silva, der Meister Fernando Pessoas und Álvaro de Campos', wurde 1889 geboren und starb 1915 an Tuberkulose, wie auch Pessoas Vater. Er war zwar in der Stadt, in Lissabon, zur Welt gekommen, verbrachte sein kurzes Leben jedoch fast zur Gänze auf dem Land, in einem Dorf im Ribatejo, auf dem Gut einer alten Großtante, wohin er sich aufgrund seiner angegriffenen Gesundheit zurückgezogen hatte. Auf dem Land entstand praktisch sein ganzes Werk, angefangen von den kurzen Gedichten *O Guardador de Rebanhos (Der Hüter der Herden)* bis zu dem kurzen »Tagebuch« *O Pastor amoroso (Der verliebte Hirte).* Nach Lissabon kehrte er nur zurück, um zu sterben, doch fand er noch genug Zeit, die letzten Gedichte jener Sammlung zu verfassen, denen Pessoa, auf Anraten Campos', der sie ihm zukommen hatte lassen, den Titel *Poemas Inconjuntos (Unzusammenhängende Gedichte)* gab.

Viel gibt es nicht zu sagen über die Biographie dieses menschenscheuen und einsamen, zurückhaltenden und nachdenklichen Mannes, der in seinem Leben weder Aufsehen erregte noch Polemiken führte, weder Freundschaften noch Liebesbeziehungen kannte. Außerdem hielt er sein Privatleben so sorgfältig geheim (»Wenn ihr nach meinem Tode meine Biographie schreiben wollt, / so ist nichts leichter als das. / Sie hat nur zwei Daten – Geburt und Todestag. / Alle Tage dazwischen gehören mir.«)[1], daß er möglicherweise sogar jene nebensächlichen, gleichwohl bedeutsamen Dinge, die sich in jedem Leben ereignen, und sei es auch noch so eintönig und farblos, verschwiegen hat. Pessoa beschreibt Caeiro etwas ungenau und oberflächlich als einen »mattblonden Mann mit blauen Augen und von mittlerer Statur«; zum Glück geht Álvaro Campos, der ihn mehr ins Herz geschlossen hatte und ihm näher stand, nicht so sparsam mit Informationen um. Campos hatte ihn zufällig bei einem Spaziergang im Ribatejo kennengelernt, durch einen Cousin, der Kaufmann war und mit einem Cousin Caeiros geschäftliche Kontakte unterhielt. Campos hat diese zufällige Begegnung, die sein Werk grundlegend beeinflussen sollte, auf denkwürdige, bewegende Weise geschildert und seinem Porträt Caeiros auch noch ein Gespräch hinzugefügt, das das schönste »Interview« ist, das Caeiro je einem seiner Schüler gewährt hat.

Álvaro de Campos

Álvaro de Campos wurde am 15. Oktober 1890 in Tavira in der Algarve geboren und in Glasgow zum Schiffsingenieur ausgebildet, auch wenn er danach in Lissabon lebte, ohne seinen Beruf auszuüben. Als Kind war er von einem Onkel aus der Provinz Beira, einem Priester, unterrichtet worden, der ihm Latein beigebracht hatte. In den ersten Monaten des Jahres 1914 unternahm er eine lange Schiffsreise in den Orient, während der das später bei Erscheinen rückdatierte Gedicht *Opiário (Opiumhöhle)* entstand: ein kurzes Gedicht mit Jugendstil-Motiven (Ozeandampfer, Opium, Exotik), gewürzt mit einem Schuß dandyhafter Ironie und gewollt »oberflächlich«, in der Tradition Wildes und Laforgues. Aber bereits einige Monate später, im Juni 1914, verfaßt Campos die *Ode triunfal (Triumph-Ode)*, ein feierliches und vitalistisches Loblieb auf das bunte Durcheinander der Wirklichkeit, das 1915 in der ersten Nummer des »Orpheu« erschien und zum Manifest der portugiesischen Moderne wurde. Campos wurde denn auch zum geistigen Vater und Wortführer der portugiesischen Avantgarde, sobald er sich in Lissabon etabliert hatte. Groß, mit schwarzem, glattem, seitlich gescheiteltem Haar, eine makellose, etwas versnobte Erscheinung mit Monokel, war Campos ein typischer zeitgenössischer Avantgardist: bürgerlich und antibürgerlich, elegant und provokant, impulsiv, neurotisch und von Ängsten geplagt. Sein *Ultimatum* an die zeitgenössischen literarischen Mandarine, das 1917 in »Portugal futurista« erschien, war ein typisches Produkt dieser Haltung. Aber die Zeiten verschlechterten sich selbst für Avantgardisten wie Campos; der Erste Weltkrieg, der um einiges wirkungsvoller war als die großbürgerlichen Avantgarden, fegte über Europa hinweg und räumte auf mit seinen Werten und Gewißheiten. Nachdem Campos' Dichtung den Schwung der heroischen Leidenschaften verloren hatte, brachte sie, gebrochen durch Ironie und Zynismus, eine Verzweiflung zum Ausdruck, die zuerst eine existentielle gewesen war und dann eine ontologische wurde. Proust und seine Seelenschau, Gide, Pirandello und der Pirandellianismus sind die Nahrung der zweiten portugiesischen Avantgarde, die sich um die Zeitschrift »Presença« schart, in der Campos diskret und zurückhaltend seine großen Gedichte der Abwesenheit und des Nihilismus veröffentlicht: 1929 *Apontamento (Aufzeichnung), 1930 Aniversário (Geburtstag),* 1933 *Tabacaria (Tabakladen).* Er stirbt am 30. November 1935 in Lissabon, am selben Tag und im selben Jahr wie Pessoa.

Ricardo Reis

Am 30. November 1935 starb auch Ricardo Reis, in Brasilien, wo er seit 1919, seit der Gründung der ersten portugiesischen Republik, wegen seiner monarchistischen Neigungen im selbstauferlegten Exil lebte. Er war am 19. September 1887 in Porto zur Welt gekommen und auf einer Jesuitenschule erzogen worden. Er war Arzt, aber allem Anschein nach verdiente er seinen Lebensunterhalt nicht durch die Ausübung dieser Profession: sein Beruf hilft uns allenfalls dabei, uns diesen Materialisten und Sensualisten, der ganz im Klassizismus und Hellenismus aufging und dessen Lieblingsbuch Horaz' Satiren waren, besser vorzustellen. Sein Materialismus stand jedoch im Zeichen einer ganz anderen kulturellen Tradition als der Caeiros und Campos': er war von jenem gelehrten, eleganten Neu-Heidentum eines Walter Pater beeinflußt, von jenem abstrakten und kühlen Klassizismus, der manche angelsächsische Naturforscher und Wissenschaftler um die Jahrhundertwende so sehr begeisterte. Nicht umsonst führte Reis mit Campos eine ziemlich heftige Debatte über Kunst, und nicht umsonst äußerte er sich in einer Rezension ziemlich abfällig über Caeiros Gedichte. Diese aseptische, in der Schwebe befindliche Welt, in der Campos' lautstarke und fruchtbare Revolte zum Skeptizismus und zur heroischen Resignation erstarrt, verewigte Reis in der geometrischen Struktur der horazischen Ode: stilistisches Siegel einer »Ordnung«, die sich der Arzt im Exil, mit seinem symbolträchtigen, den Emblemen Alciatos* würdigen Schachbrett unter dem Arm, in einer Epoche geschaffen hatte, die nicht die seine war.

Frederico Reis

Cousin des berühmteren Ricardo. Von ihm ist nur eine auf portugiesisch verfaßte Kritik zur Dichtung Ricardos erhalten, der er ein »trauriges Epikureertum« bescheinigte.

Alexander Search

Sein angelsächsischer (im übrigen kurios »rätselhafter«) Name und die Tatsache, daß er seit 1899 mit Pessoa in Briefwechsel stand, als dieser noch die High-School in Durban besuchte, könnten zu der Annahme verleiten, daß es sich bei ihm um einen Südafrikaner

* Andrea Alciato (1492-1550): Rechtsgelehrter (Anm. d. Übers.).

beziehungsweise um einen in Südafrika wohnenden Engländer handelte. Aus der von Pessoa verfaßten biographischen Notiz geht jedoch hervor, daß Alexander Search am 13. Juni 1888 in Lissabon geboren worden war. Und in der portugiesischen Hauptstadt verbrachte er auch einen Teil seines Lebens, wie man aufgrund eines frankierten und abgestempelten Briefes annehmen kann, den Pessoa an seine Lissaboner Adresse, in die Rua Glória Nr. 4, wo auch er selbst eine Zeitlang wohnte, geschickt hatte: *Alexander Search Esq. / Rua da Glória 4 / Lisbon / Portugal.*

Veröffentlicht wurden von ihm bisher einige auf englisch verfaßte Texte, darunter ein Pakt mit dem Teufel, der das Datum 2. Oktober 1907 trägt. Vor einiger Zeit erschien eine Erzählung mit dem Titel *A very original dinner.*

Einer handschriftlichen Notiz Pessoas zufolge stammen von ihm fünf Schriften, von denen zu hoffen ist, daß sie bald aus der Truhe auftauchen: *The Portuguese Regicide and the Political Situation in Portugal; The Philosophy of Rationalism; The Mental Disorder(s) of Jesus; Delirium; Agony.*

Charles Search

Charles James Search, der Bruder von Alexander, wurde am 18. April 1886 in Lissabon geboren. Seine Rolle beschränkte sich darauf (oder hätte sich darauf beschränken sollen), Übersetzungen ins Englische zu verfassen, die übrigens nicht mehr aufzufinden sind.

Den von Pessoa verfaßten biographischen Notizen zufolge hätte er eigentlich auch Vorworte zu seinen Übersetzungen schreiben sollen, allerdings ohne sich auf allzu tiefschürfende Überlegungen einzulassen.

Bernardo Soares

Bernardo Soares, »Hilfsbuchhalter in Lissabon«, verbrachte in der portugiesischen Hauptstadt sein ganzes bescheidenes Leben als kleiner Angestellter. Er lebte allein, in einem möblierten Zimmer im Geschäftsviertel der Stadt, der »Baixa«, zwischen Praça do Rossio und dem Tejo, wo sich auch die Handelsfirmen befanden, für die der Dichter arbeitete.

Pessoa lernte ihn in einer bescheidenen Gastwirtschaft kennen, in der er Stammgast war, und hier, an einem der Tischchen, offenbarte ihm Soares, daß er Schriftsteller war, und gab ihm sein *Livro do Desassossego* zu lesen. *Das Buch der Unruhe,* eine großartige Sammlung von Tagebuchnotizen, Impressionen und Beschreibungen, eine Mischung aus *journal intime* und Erzählung, ist gleichzeitig ein intimes Dokument und ein außergewöhnlicher Anti-Roman.

Der Baron von Teive

»Ich übertrage Teive die Aufgabe, über die Gewißheit nachzudenken, daß die Verrückten uns einiges voraus haben.« War der Baron von Teive, der einige wenige, in einem »intellektuellen, kargen, ein wenig – wie soll man sagen – spröden und verkürzten« Stil gehaltene Fragmente und einen erst kürzlich unter den Manuskripten in der Truhe gefundenen pädagogischen Traktat *(A Educacão do Stoico – Die Erziehung des Stoikers)* verfaßt hat, also ein Verrückter? Wo hatte ihn Pessoa kennengelernt? Vielleicht gar in jener psychiatrischen Klinik in Cascais, deren Insasse auch António Mora war?

António Mora

In der psychiatrischen Klinik von Cascais verbrachte der Philosoph António Mora, der Autor von *Regresso dos Deuses (Rückkehr der Götter)*, das zum Hauptwerk des portugiesischen Neu-Heidentums werden sollte, seine letzten Tage. Der Pessoa-Forscher Jacinto do Prado Coelho hat uns vor kurzem auf einige Absätze aus einem verblüffenden, noch unveröffentlichten Manuskript mit dem Titel *Na Casa de Saúde de Cascais (Im Irrenhaus von Cascais)* aufmerksam gemacht, in dem ein Besucher (vielleicht Pessoa selbst) den Insassen António Mora beschreibt, während dieser im Hof des Irrenhauses spazierengeht. Groß und stattlich, mit lebhaftem, stolzem Blick und weißem Bart, in eine Art römische Toga gehüllt, rezitiert António Mora den Beginn von Prometheus' Klage aus Aischylos' Tragödie. Der Besucher, der vom würdevollen Aussehen des Greises tief beeindruckt ist, bittet den ihn begleitenden Doktor Gama, er möge ihm ihn vorstellen. Wenn dieser Besucher, wie man zu Recht annehmen kann, Fernando Pessoa war, dann hatte er António Mora also erst kennengelernt, als dieser bereits alt und unheilbar verrückt war (»ein Paranoiker mit häufig auftretenden Psychoneurosen«), und war erst bei dieser Gelegenheit in den Besitz seiner philosophischen Schriften gelangt.

Raphael Baldaya

Der Autor eines *Tratado da Negação (Traktat der Verneinung)* und einiger *Princípios de Metafísica Esotérica (Prinzipien der esoterischen Metaphysik)*, in denen er die »wahre esoterische Wissenschaft« gegen die Theosophie verteidigt, die er als »Demokratisierung des Hermetismus, als dessen Christianisierung« beschreibt, stand seit 1915 mit Pessoa in Verbindung, wie aus einem Brief des Dichters an Mário de Sá-Carneiro aus diesem Jahr hervorgeht. Einem gedruckten Visitenkärtchen, das sich ebenfalls unter den Manuskripten in der Truhe befand, entnehmen wir einen wertvollen Hinweis auf seinen ungewöhnlichen Beruf: *Raphael Baldaya / Astrólogo em Lisboa* – einen Beruf, den, wie aus dem Briefwechsel mit Sá-Carneiro hervorgeht, auch Fernando stets in seiner Heimatstadt hatte ausüben wollen.

Charles Robert Anon

Geburtsort und -datum von Charles Robert Anon, dem Autor eines auf englisch verfaßten Sonetts aus dem Jahr 1904, eines ebenfalls auf englisch verfaßten, mit größter Genauigkeit konzipierten literarischen Entwurfs sowie einer mit »Anon« gezeichneten Komödie, deren Titel *Marino* lautet, sind noch immer unbekannt. Leider sind alle diese Schriften noch unveröffentlicht. Erschienen sind von Anon bisher fünf philosophische Betrachtungen, halb Aphorismen, halb Memorandum (über Taine, Schopenhauer, den psychischen Automatismus), aufgrund deren wir uns kein vollständiges Bild ihres Autors machen können. Unter den Manuskripten in der Truhe hat man auch ein Blatt Konzeptpapier gefunden, auf dem in ungelenker Schrift, die die zu ihr gehörige Persönlichkeit noch zu suchen scheint, mehrmals eine Unterschrift und eine höfliche Grußformel hingekritzelt sind: *Yours very true, Anon.* Ist es Charles Robert Anon jemals gelungen, wirklich *true* zu sein? Und wenn ja, was für ein Leben führte er? Wem schrieb er seine Briefe?

A.A. Crosse

Von diesem rätselhaften Mann mit dem allzu anspielungsreichen Namen wissen wir nicht mehr, als daß er nur deshalb ins Leben gerufen wurde, um die Kreuzworträtsel und die Scharaden der »Times« zu lösen. Ihn und Pessoa verband eine tiefe Freundschaft, und wenn er einen der großen Preise gewonnen hätte (wie wir Pessoas Briefen an seine Verlobte entnehmen), hätte er das Geld seinem Freund geschenkt, damit dieser einen Hausstand gründen könnte. Allerdings gewann er nie den großen Preis.

Thomas Crosse

Dieser unbekannte Herr hatte die Absicht, dem englischen Publikum viele »sensationistische« Dichter aus Portugal in Übersetzungen vorzustellen und außerdem Themen und Motive einer bestimmten portugiesischen Kultur messianischer Prägung. *(The Origin of Discoveries; The Myth of King Sebastian; Kings that will Return).* Unter den Manuskripten in Pessoas Truhe befindet sich ein Entwurf seiner Projekte.

Jean Seul

Jean Seul de Méluret, wie einer von Pessoa verfaßten biographischen Notiz zufolge sein vollständiger Name lautet, wurde 1885 geboren. Das Pseudonym, das er verwendete (oder das er hätte verwenden sollen), ist – wie auch das von Crosse – ein ganzes Schicksal. Unter den Manuskripten in der Truhe befindet sich eine große Anzahl unveröffentlichter französischer Gedichte, die zwischen 1913 und 1935 entstanden sind; da sie jedoch nicht signiert sind, ist es philologisch nicht korrekt, sie Seul zuzuschreiben, auch wenn die Versuchung groß ist. Nur ein literarisches Projekt trägt seine Unterschrift, ein Blatt Papier, auf dem nur Titel stehen: *Des Cas d'Exhibitionnisme; La France en 1950; Satire; Messieurs les Souteneurs.*

Abílio Quaresma

»Ich war wirklich sehr mit Quaresma befreundet; die Erinnerung an ihn schmerzt mich wirklich.« So äußert sich Pessoa in einer erst kürzlich veröffentlichten Anmerkung mit dem Titel *Prefácio a Quaresma* über Abílio Ferreira Quaresma, den Autor von Kriminalgeschichten, deren Protagonist er selbst war (er arbeitete als Privatdetektiv). Mehr wissen wir nicht über diesen antipositivistischen Detektiv-Philosophen, der seine Fälle wie Auguste Dupin und Nero Wolfe aus der Entfernung löst, da er der Meinung ist, die direkte Beobachtung der Wirklichkeit würde ihn dabei behindern. Zweifellos weist dieser schmächtige, schüchterne, unbedeutende, manisch disziplinierte Mann, der die Realität rekonstruierte, *ohne sie zu sehen,* und sie dabei idealisierte, mehr als eine oberflächliche Ähnlichkeit mit Pessoa auf. Und vielleicht ist das der Grund der freundschaftlichen Gefühle, die der Dichter für ihn empfand.

Wer war Pantaleão, den man aufgrund der in der Truhe gefundenen Manuskripte als Autor vieler unveröffentlichter Briefe und eines literarischen Projekts kennt, in dem er seine Visionen von Äther- und Astralleibern beschreibt? (Oder stammen sie gar nicht von ihm?) Wer war Pero Botelho, der Autor einer philosophischen, erst kürzlich veröffentlichten Erzählung mit dem Titel *O Vencedor do Tempo (Der Besieger der Zeit)*? Wer war C. Pacheco, von dem ein langes, in der Tradition der *écriture automatique* geschriebenes Gedicht stammt? Und Caesar Seek? Und Doktor Nabos? Und Ferdinand Summan? Und Jacob Satan? Und Erasmus? Und Mister Dare? Wer waren alle diese Personen mit genauso unwahrscheinlichen Namen wie Montales Herr Kapp? Personen, die im Dunkel einer Truhe darauf warten, zum Leben erweckt zu werden, oder bloß in ein Notizbuch gekritzelte Namen, verlorengegangene Unterschriften, Hektoplasmen der phantastischsten Biographie der gesamten Literatur des zwanzigsten Jahrhunderts?

Álvaro de Campos, Ingenieur der Metaphysik

1. Der große, elegante, Monokel tragende Álvaro de Campos mit den schwarzen, seitlich gescheitelten Haaren, der anglophile Schiffsingenieur, der in Glasgow ausgebildet worden war und in Lissabon als Dandy den Müßiggang pflegte, führte von allen erfundenen Gestalten Pessoas am ehesten noch ein wirkliches Leben.

Während seine Brüder außerhalb der Zeit lebten, in totaler Synchronie, und sich ihr Leben ausschließlich und gleichzeitig in Pessoas Kopf abspielte, war Campos die Diachronie der Sterblichen vergönnt: er unternahm Reisen und hatte Liebesaffären, nahm am öffentlichen Leben teil und riskierte, wegen seiner arroganten Manifeste (*Ultimatum*, 1915; *Aviso por causa da moral*, 1923) verklagt zu werden, er haßte, führte Polemiken, gründete kurzlebige Bewegungen, die sich in leidenschaftlichen Gedichten (*Triumph-Ode, Meeres-Ode* etc.) niederschlugen, und fand sich schließlich würdevoll damit ab, mit seinen metaphysischen Ängsten zu leben, die er bislang unter der Ironie zu verbergen versucht hatte; bis er schließlich mit neunundvierzig Jahren (er war zwei Jahre älter als Pessoa) starb, am 30. November 1935, gleichzeitig mit seinem Erfinder.

Sein Werk ist auch eine Biographie, und man kann nicht umhin, es unter biographischen Aspekten zu lesen, wenn man sich ein Bild von seiner Person machen will. Aber bereits seine »Existenz« weist die Fülle des wirklichen Lebens auf, und was seine psychischen Beweggründe anbelangt, so erstaunt und verwirrt uns das Geschöpf Campos immer wieder, denn von allen Heteronymen vermischte sich sein fiktives Leben am meisten mit dem realen seines Schöpfers, und zwar so sehr, daß dieses manchmal gar nicht mehr zu sehen war unter den mannigfaltigen Bezügen und Wechselbeziehungen zwischen den beiden, die hin und wieder auch Plätze und Rollen tauschten. So wissen wir zum Beispiel seit kurzem aus Pessoas Privatkorrespondenz, daß sich Campos vorlaut in die Beziehung zwischen Pessoa und Ophélia Queiroz einmischte; und daß er zwar vielleicht nicht der Grund, aber doch in gewisser Hinsicht der Anlaß für die Lösung der Verlobung war: schließlich hatte es sich Campos selbst nach mehreren »Störversuchen« zur Aufgabe gemacht, Ophélia einen Brief zu schreiben, in dem er sie, wenn auch auf scherzhafte Art und Weise, zu überreden versuchte, sich Fernando aus dem Kopf zu schlagen (siehe Brief vom 25. 9. 1929).

Campos' Rolle innerhalb der Liebesbeziehung wird noch erstaunlicher, wenn wir die entsprechenden Schlüsse aus der (durchaus glaubwürdigen) These Jorge de Senas ziehen, der behauptet, Pessoa habe Campos als Störfaktor ausgewählt, weil er homosexuell war,[1] denn auf diese Weise würde Campos, wenn auch auf ungewöhnliche Weise, den Dritten im klassischen Dreieck abgeben. Im übrigen hatte Ophélia Queiroz dank ihrer Sensibilität und Intelligenz von Anfang an gespürt, daß Campos ihr feindlich gesinnt war, und ihm gegenüber ihre Abneigung offen zum Ausdruck gebracht: »Wenn du mir schreibst, sorg dafür, daß dein Freund nicht in der Nähe ist, verstanden? Hör zu, schick ihn nach Indien ...«[2]

Bis hierher könnte man Pessoas Verhalten noch für eine theatralische Geste halten, für ein doppeldeutiges und fragwürdiges Spiel, von dem wir nicht wissen, wie weit er es trieb. Campos jedoch wurde zu einer wirklichen Gefahr für ihn.

In einem Brief vom 15. 10. 1920 teilte Fernando Ophélia mit, daß er beabsichtige, sich in eine psychiatrische Klinik zu begeben, wobei er ein eben erlassenes

Dekret in Anspruch nehmen wollte, das es Geisteskranken ermöglichte, sich auf Staatskosten behandeln zu lassen. Wir können nicht mit Genauigkeit feststellen, worin seine »Krankheit« bestand: Pessoas Worte sind unklar und von einer kaum verhohlenen Angst geprägt. Verfolgt man jedoch Brief um Brief diese seltsame Liebesgeschichte, bei der Täuschungen und vertauschte Rollen an der Tagesordnung waren und die schließlich zu ihrem Ende gelangte,[3] so kann man sich durchaus vorstellen, daß dem Spieler sein gefährliches Spiel aus der Hand geglitten war. Vielleicht verlangte Campos irgendwann *wirklich* eine eigene Existenz, vielleicht forderte er ein eigenes Leben und wollte den Platz seines Herrn einnehmen: vielleicht ist dies der »Fluch«, von dem Fernando sich bedroht fühlte. Allerdings fand der Tausch letzten Endes doch nicht statt. Pessoa spricht nicht weiter darüber, aber irgendwie ist es dem Schöpfer wohl gelungen, sein Geschöpf wieder unter Kontrolle zu bekommen, die Spannung stabilisierte sich, und man fand zu einer Form des Zusammenlebens, die auf gegenseitigem Respekt beruhte; Campos fand sich damit ab, Campos zu sein, der unwirkliche Ingenieur aus Glasgow, der als Avantgarde-Dichter in Lissabon lebte.

2. Campos war ein Mann des Südens. Die Stadt, in der er geboren worden war, Tavira an der Algarve-Küste, sieht aus wie ein kubistisches Bild weißgetünchter Häuser und könnte genausogut an der Küste Siziliens oder Griechenlands liegen.

Er besaß nicht nur die körperlichen Merkmale des Südländers (er sah aus wie ein sephardischer Jude, schreibt Pessoa), sondern auch dessen Charakter und Vorlieben: Ungestüm, Leidenschaft und Begeisterungsfähigkeit; aber er kannte auch die sich daraus ergebenden Enttäuschungen und Ernüchterungen.

Sie und sich selbst bedauerte er, aber er konnte über sein Leid auch lächeln, auf klare, unbarmherzige, oft sarkastische Weise. In seinem Leben gab es eine Daisy und eine Cecily, die in Yorkshire lebten und die er während seiner Ingenieursausbildung in England kennengelernt hatte. Er bekannte sich aber auch zu einer homosexuellen Liebe zu einem jungen Mann, dessen Name uns nicht bekannt ist (*Soneto já antigo – Schon altes Sonett,* 1922), und verkündete seine Homosexualität in ungestümen und feierlichen Versen (*Meeres-Ode,* 1915); tief in seinem Inneren bewahrte er jedoch stets die süße Erinnerung an die Liebe zu einer Frau, eine Liebe, von der er sich vielleicht deshalb nicht übermannen ließ, um, wie er in einem Gedicht schreibt, nicht »verheiratet, alltäglich und steuerpflichtig« zu sein.

Als Mann des Südens, der an der Küste des Ozeans zur Welt gekommen war, liebte er das Meer und die Reisen und besang sie in seiner Dichtung.

In seinen Oden ist das Meer die Geschichte Portugals: der Aufbruch ins Unbekannte, die Zähigkeit und der Mut eines kleinen Volkes; es ist aber auch die Gewalttätigkeit der Kolonisatoren, die unerfüllte Hoffnung auf ein Eldorado, der Verlust der Unschuld.

Eigentlich besaß er die Seele eines Vagabunden, die im Körper eines verträumten Bürgers gefangen war. Wie Coleridge, Melville und Conrad beschwor er Segelschiffe und die Südsee herauf, Taue, das Durcheinander in exotischen Häfen, Ebbe und Flut, Piraten und alte Matrosen. Und Inseln im Abendlicht mit kitschigen Palmenhainen wie auf naiven Stichen. Die Ziele seiner Reisen sind geometrische Orte, die der Dimension des Gedankens und des Begehrens angehören.

3. Für uns ist Campos eine Biographie, für Pessoa war er jedoch auch ein literarisches Mittel. Ein Stilmittel und ein Stilregister wie alle anderen Heteronyme auch,

das diese jedoch an Fülle und Komplexität bei weitem übertrifft. Denn während Alberto Caeiro und Ricardo Reis (der erste, der »Meister«, eine Art Dichter-Guru, der sich von der Natur inspirieren läßt; der zweite ein pessimistischer Klassizist auf halbem Weg zwischen Horaz und Leopardi) als poetische Figuren aus jeder x-beliebigen Epoche und Gegend stammen könnten, war es Pessoa dank Álvaro de Campos möglich, sich an der Avantgarde zu beteiligen: anders gesagt, dank Campos griff Pessoa aktiv in die Kultur seiner Zeit ein.

Campos ist nicht nur, wie die anderen Heteronyme, ein Geschöpf, das selbst schöpferisch tätig ist, sondern er wirkt darüber hinaus in einem spezifischen kulturellen Kontext: er ist ein auf die Geschichte projiziertes Geschöpf. Campos ist somit viel mehr als eine Selbstanalyse; er ist gleichzeitig Reflexion und Entfremdung. Ein merkwürdiger und außergewöhnlicher Zufall hat es Pessoa ermöglicht, sich an der Avantgarde zu beteiligen und gleichzeitig, mit Hilfe Campos', ein kritisches Bild der Avantgarde zu zeichnen, eine Art Nahaufnahme anzufertigen. Ein Klischeebild des Avantgardisten, dessen Eigenschaften wir sogar katalogisieren könnten.

Campos, der willensschwache Neurastheniker, der seine Hysterie mittels der Dichtung sublimierte, ein Anhänger der Theorien Max Nordaus – die sich Pessoa mit seiner typischen Gelassenheit zu eigen gemacht hatte –, war Dekadenter aus Jux, Futurist aus Berufung und Dadaist aus ideologischen Gründen. Seine spontane Liebe galt einem durch und durch persönlichen, introvertierten und mystischen Futurismus, dessen Programm nicht klar feststand und der grundsätzlich gegen Marinetti war (Marinetti, der inzwischen italienisches Akademiemitglied geworden war, widmete er ein sarkastisches Sonett, das mit dem Geräusch eines Balls endet, aus dem die Luft entweicht). Doch nicht nur die Akademien langweilten ihn, er zweifelte auch an den Utopien, an den Systemen, deren Ziel die Vollkommenheit ist, und an den Theorien, die die Welt erklären wollen. Er erklärte lauthals seine Abneigung gegenüber Shaw, Maurras, Dostojewski, Gorki. Er sah die Greuel des Totalitarismus voraus, die im Namen der verschiedenen Glaubensrichtungen begangen werden sollten, und er lehnte alle ideologischen Brüderschaften ab, den sozialistischen Populismus genauso wie die christliche Nächstenliebe. War er Atheist? Ich glaube nicht. Neben seinem Agnostizismus gab es noch Platz für platonische Ideen und für Spinoza – er war eine Art kollektives Hektoplasma, das aus den Ideen aller Gescheiterter bestand. In seinem Gepäck hatte er, ein erfundener und gelangweilter Reisender, Wilde, Laforgue, Whitman und Schopenhauer bei sich. Im wesentlichen aber symbolisiert er das Bewußtsein der Niederlage, den Verzicht auf alle Illusionen, eine ironische Verzweiflung.

Für den heutigen Leser ist die Figur Álvaro de Campos' in gewisser Weise ein Paradigma. Seine Ängste, seine Neurosen, seine Zynismen, sein Hang zum Widerspruch, sein Scheitern, sein halluzinierender und metaphysischer Blick sind seine Stigmata. Und, positiv gesehen, seine Größe.

Ein Kind geht durchs Land

Auf welchen geheimen Pfaden war dieser wieder zum Kind gewordene Christus gewandelt, der eines Tages auf den Hügeln im Ribatejo auftauchte, um sich jenem Meister Caeiro zu offenbaren, der 1914, in einem weißgetünchten Gutshof, seine auch heute noch nicht restlos entschlüsselte Lehre einem Kreis von drei Dichtern diktierte, die Álvaro de Campos, Ricardo Reis und Fernando Pessoa hießen? Kam er etwa aus dem Bereich der dekadenten Poetik (auch wenn seine Behauptungen eher nach Spinoza und Feuerbach klingen als nach Dekadenz), die in Italien ihr Manifest in der 1897 im »Marzocco«* erschienenen Prosa Giovanni Pascolis gefunden hatte, in der dieser die Gleichung *Dichter = Kind, das das Geheimnis durchdringt* aufstellte, und die in Portugal zuerst im »Saudosismus« von Teixeira de Pascoaes und gleich darauf in Pessoas »Paúlismus« ihren Ausdruck gefunden hatte, allerdings ohne jemals ausdrücklich formuliert worden zu sein? Oder stammt dieses Kind etwa aus dem Umfeld des Orphismus und Platonismus, zu dem in unseren kulturellen Breiten Rilke und Campana gehören (und in gewisser Hinsicht auch D'Annunzio) und dessen Sprachrohr in Portugal Fernando Pessoa (schon wieder er) und seine Zeitschrift »Orpheu« waren? Und hatte dieses Kind, bevor es in Pascolis Gedicht/Manifest (in dem eine gewisse homosexuelle Komponente durchaus vorhanden ist, obwohl die kindliche Figur darin idealisiert und als asexuell dargestellt wird) von allen Resten des Rauschhaften und Orgiastischen befreit wurde, nicht zufällig den Bereich des dithyrambischen und dionysi-

* »Marzocco«: Florentiner Kulturzeitschrift mit bürgerlichen Tendenzen, publizierte u. a. Pascoli und D'Annunzio (Anm. d. Übers.).

schen Pantheismus durchlaufen, dessen Vertreter in erster Linie natürlich Nietzsche ist, in Portugal aber auch (und schon wieder) Fernando Pessoa, und zwar in Gestalt des Heteronyms António Mora, der als Insasse einer psychiatrischen Klinik in Cascais starb und Autor eines fragmentarischen Werks über das *Portugiesische Neu-Heidentum* war?

So legitim die Frage nach der Herkunft des Kindes auch sein mag, so gewiß ist es andererseits auch, daß sich die Bedeutung dieser Figur – angesichts ihrer Komplexität und strukturellen Mehrdeutigkeit – nicht einfach erschließt, indem man der Reihe nach aufzählt, woher sie aller Wahrscheinlichkeit nach stammen könnte; deshalb werden wir in der Folge auch keinen hypothetischen Stammbaum entwerfen und keine Blutgruppe eruieren, die uns unter Umständen verraten würde, *woher* dieses Kind kommt, sondern wir werden versuchen, es besser zu definieren, indem wir seine Zukunft voraussagen, indem wir eine Reiseroute entwerfen, anhand deren wir feststellen können, *wohin* es geht oder wohin es unter Umständen gehen könnte. Ein Kind wandert durch die portugiesische Landschaft als Metapher eines Gedankens, der sich durch die gesamte Kultur des zwanzigsten Jahrhunderts bis in die Gegenwart zieht, mitsamt den Veränderungen und Verformungen, die er auf seiner Reise erlitten hat: unter diesem Aspekt kann man, wie ich glaube, jenes Gedicht aus dem *Hüter der Herden* lesen, das am ehesten eine »Initiation« darstellt, ohne es allzusehr zu profanisieren. Um diesem Kind vorauszusagen, was es als Erwachsener tun wird, braucht man nur die Eigenschaften unter die Lupe zu nehmen, die es während seines Aufenthalts bei Fernando Pessoa angenommen hat, in jenem »weißgetünchten und einsamen« Haus auf dem Hügel, von dem aus Alberto Caeiro 1914 die Welt betrachtete.

Was liegt also näher, als diesem Ewigen Kind, das gern in der Seele der Menschen schläft und mit den Träumen anderer spielt, eine unruhige, unbequeme und möglicherweise »wilde« psychoanalytische Zukunft vorauszusagen? Dieser respektlose und blasphemische Kobold hat aufgrund seiner kindlichen Unschuld und seiner nicht zu unterschätzenden Wunderkräfte (er hat Caeiro von jeglicher Logik befreit, seinen Blick von allen kulturellen Resten gereinigt: er hat ihm *alles beigebracht*) die besten Aussichten, zum Protagonisten eines anarchischen, fröhlichen, magischen und kaum empfehlenswerten Buches zu werden: des *Buchs vom Es* von Georg Groddeck. Man braucht ja nicht allzuviel Phantasie, um sich vorstellen zu können, daß Pessoas Phantasmen einen weiten Bogen um die strenge analytische Praxis Sigmund Freuds machen und sich statt dessen mit den Vagabunden und Hexenmeistern unter den Analytikern anfreunden werden. Pessoa, der Einzelgänger, der nie einen Zug nach Paris oder Wien bestiegen hat, weil er unfähig war, Koffer zu packen, der Rosenkreutzer und Theosoph, der Feind der christlichen Religion, der die vom Christentum abgeschaffte kollektive Seele zugunsten der individuellen Seele ins Treffen führt (siehe das *Ultimatum* von Álvaro de Campos), den die geheimen, im Menschen wirksamen Kräfte interessieren und der neugierig ist auf ausgefallene und zweifelhafte Therapien, sucht sich in seinem Winkel an der Tejomündung a priori (aufgrund nicht genau deklarierter Theorien, in denen aber Magnetflüsse, Triebe, amniotische Flüssigkeiten, das kollektive Unbewußte und Panpsychismus auszumachen sind) seine ideale »schlechte Gesellschaft«. Seine Wahlfreundschaften (die natürlich nie zu wirklichen werden) sind Mesmer, Otto Rank, Alfred Adler, Groddeck, C.G. Jung. Und ein alter Busenfreund, über den Pessoa trotzdem heimlich Polemisches in seinem Tagebuch notiert, ist ein genialer Philosoph, der dieses Kind, »das so menschlich ist, daß es göttlich ist«, getauft hat, als Freud und Groddeck noch nicht wußten, daß es Es hieß: Friedrich Nietzsche.

Aber kann man diesem Bengel, der den langweiligen Nachmittagen im Paradies entflohen ist, um auf den Wiesen des Ribatejo und in den Träumen von Alberto Caeiro Purzelbäume zu schlagen, einzig und allein eine Zukunft als Es der Psychoanalyse voraussagen? Vor ein paar Jahren stellte ein Pessoa-Forscher im Kreis der Pessoa-Liebhaber ein Vorhaben vor, für das er einen hypothetischen Titel gefunden hatte: eine systematische Arbeit, in deren Rahmen sämtliche Tendenzen der europäischen Moderne untersucht werden sollten, die der portugiesische Dichter in seinem möblierten Zimmer am Rande Europas vorweggenommen hatte.[1] Obwohl der große Portugiese inzwischen auch außerhalb der kleinen Gemeinde, die Zugang zu seinem so gut wie unveröffentlichten Werk hatte, Berühmtheit erlangt hat, obwohl er inzwischen international als einer der bedeutendsten Dichter unseres Jahrhunderts gilt (was nicht zuletzt jenen zu verdanken ist, die frühzeitig seine Größe erkannt hatten: »der größte Lyriker des zwanzigsten Jahrhunderts«, Gianfranco Contini; »einer der allzu seltenen großen Dichter der Menschheit«, André Breton; »Pessoa ist das bevorstehende Unbekannte«, Octavio Paz; »Sein Name muß in einem Atemzug mit den großen Künstlern von Weltrang genannt werden, die in den achtziger Jahren geboren wurden: Strawinski, Picasso, Joyce, Braque, Chlebnikow«, Roman Jakobson; »Par l'éclatement de sa personalité il se hausse à la dimension du planétaire«, Armand Guibert) und obwohl Pessoa einen zwar späten, doch außergewöhnlichen Erfolg bei der Kritik verbuchte, ist die Untersuchung, die der enthusiastische Kritiker angeregt hatte, aufgrund der vielen unveröffentlichten Texte, die noch immer in Pessoas berühmter Truhe ruhen, und auch aufgrund der vielen Fragen, die von seinen bereits veröffentlichten Texten aufgeworfen werden, nach wie vor unmöglich. Wie soll man jedoch der Versuchung widerstehen, seine Idee aufzugreifen und seiner ursprünglichen Überlegung noch ein paar spontane Überlegungen hinzuzufügen, die uns der vorliegende Text nahelegt?

In aller Kürze und Eile, zu der mich die Umstände zwingen, möchte ich den Blick des Lesers auf den *Blick* lenken, der dieses Gedicht durchzieht. Die reine Kindlichkeit geht mit einer Art des Schauens einher, die zu diesem Zeitpunkt (1914) noch eine absolute Novität darstellt und die in der *reinen Aktivität des Schauens* besteht. Was kündigt dieser Blick an, der sich mit unbarmherziger Heiterkeit auf die Dinge heftet? Und was enthüllen diese Dinge, die, wenn der Blick auf ihnen ruht, nur sich selbst enthüllen? Diese Dinge, die, wie Caeiro im XXXIX. Gedicht aus *Der Hüter der Herden* mit Überzeugung sagt, »keine Bedeutung haben, sondern vorhanden sind« und die »der einzige verborgene Sinn der Dinge« sind? Was bedeuten dieser Blick, der einzig und allein ein Blick und somit mehr als ein Blick ist, und diese Existenz, die von nichts begrenzt wird als von der Existenz selbst, die weder Akt noch Potenz, weder Akzidens noch Substanz ist? Nehmen sie etwa grundlegende Erkenntnisse der Philosophie des zwanzigsten Jahrhunderts vorweg? Nehmen sie bereits Heidegger, Jaspers, Sartre vorweg?

Meine schüchternen Überlegungen beschränken sich auf die Fragestellung. Und eine vorsichtige und – wie ich glaube – bescheidene Frage ist auch dieses Vorwort zum feierlichsten Text aus dem *Hüter der Herden*. Mir bleibt nichts anderes mehr zu tun, als den Leser aufzufordern, sich dem Zauber dieses Texts und der Kunst Alberto Caeiros zu überlassen, allerdings nicht, ohne ihm vorher die notwendigen Hinweise zu seiner Biographie zu liefern.

Laut einer von Pessoa selber verfaßten biographischen Notiz (»dieser Mann, der die Biographien für die Werke erfand, und nicht die Werke für die Biographien«, wie Adolfo Casais Monteiro scharfsinnig festgestellt hat: und der Unterschied ist grundlegend, betont Octavio Paz, der Pessoa mit Antonio Machado vergleicht) wurde Alberto Caeiro da Silva 1889 in Lissabon geboren, wo er 1915 an Tuberkulose starb, zwanzig Jahre früher als Pessoa und ein Jahr nach seiner Geburt als Heteronym (dem Kopf des Dichters war er am 8. März 1914 entsprungen). Er war ein blonder, bleicher Mann von mittlerer Größe, der sein ganzes kurzes Leben in einem Dorf im Ribatejo verbrachte, im Haus einer alten Großtante, wohin er sich aufgrund seiner angegriffenen Gesundheit zurückgezogen hatte. Außer dem *Hüter der Herden* hinterließ er ein poetisches Tagebuch mit dem Titel *Der verliebte Hirte* und mehrere einzelne Gedichte, die Fernando Pessoa, der sie von Álvaro de Campos erhalten hatte, unter dem Titel *Unzusammenhängende Gedichte* gesammelt hat. Mehr gibt es allem Anschein nach über das Leben dieses einsamen und ruhigen Menschen nicht zu sagen, der ein schlechtes Portugiesisch schrieb (er hatte nur die Volksschule besucht) und sich von Salons und Literatenkreisen fernhielt. Dem wäre höchstens noch hinzuzufügen, daß er in der Familie der Heteronyme eine absolute Vorrangstellung genoß: er war der Meister der anderen. Mehr noch: wie Pessoa kategorisch feststellt, war Caeiro auch sein Meister (»Entschuldigen Sie das Absurde des Satzes: in mir war mein Meister erschienen«; aus einem Brief an Casais Monterio vom 13. Januar 1935).

Aber worin besteht die »Bedeutung« der Lehre dieses geheimnisvollen Meisters? Was mich anbelangt, so glaube ich mit Octavio Paz, Pessoas Behauptung: *Caeiro ist mein Meister* »ist der Prüfstein eines ganzen Werkes. Und man könnte hinzufügen, daß das Werk Caeiros die einzige positive Aussage ist, die Pessoa je gemacht hat. Caeiro ist die Sonne, und um die kreisen Reis, Campos und Pessoa selbst. In ihnen allen gibt es Partikel der Negation oder der Irrealität: Reis glaubt an die Form, Campos an die Sinneswahrnehmung, Pessoa an die Symbole. Caeiro glaubt an nichts: er existiert.«[2]

Caeiro glaubt an nichts: er existiert ... Caeiros Lehre besteht, wie auch die von Lao-Tse, Milarepa oder Sokrates, weniger in seinem Werk als in seinem Leben. Caeiro ist kein Dichter: er ist ein Heiliger, ein Guru. Vielleicht ist er nicht einmal ein Mensch, sondern ein Auge, das die Welt erforscht. Ein unergründliches Objektiv.

Bernardo Soares, ein ruheloser und schlafloser Mensch

zum Andenken an Franco Occhetto

1. Bernardo Soares ist ein Mann, der am Fenster steht. Soares ist Buchhalter in Lissabon, und das Fenster gehört zu einer Stoffirma im alten Lissaboner Geschäftsviertel, der unter Pombal erbauten »Baixa«. Schweigsam und einsam steht er am Fenster, wie der alte Flaubert, und beobachtet das Leben. Er beobachtet das wirkliche Leben draußen, das ihm fremd ist, auch wenn es sich direkt vor ihm ereignet; und ein erfundenes Innenleben: denn die Läden von Bernardo Soares' Fenster lassen sich in beide Richtungen öffnen, nach außen und nach innen. Und auch das »Innen« ist ein Ort, der seinem Bewohner fremd und unbekannt ist: ein gemietetes »Innen«, ein Pensionszimmer, das Soares mit seinen Alter egos teilt, die er ebenfalls nicht kennt. Über diese beiden Landschaften, die sich überschneiden und ineinander übergehen, führt Soares peinlich genau Tagebuch, mit der wahnwitzigen Akribie des Buchhalters: ein großartiges Tagebuch, das sich aus *journal intime,* aus Reflexionen und Notizen, aus Impressionen und Meditationen, aus Phantasien und lyrischen Ergüssen zusammensetzt, das er als *Buch* bezeichnet und das man Roman nennen könnte. Im übrigen läßt sich jede autobiographische Literatur, von Cäsar bis Valéry und Gide, im Lichte von Poes ironischer Bemerkung lesen, es sei unmöglich, zur autobiographischen »Wahrheit« zu gelangen, »ohne daß das Papier sich kräuselt und verbrennt bei der Berührung der glühenden Feder«.

In dieser Hinsicht ist Soares' Buch gewiß ein Roman.

Oder besser gesagt, ein zweifacher Roman, denn Pessoa hat eine Gestalt mit Namen Bernardo Soares erfunden und sie damit beauftragt, ein Tagebuch zu schreiben. Soares ist somit eine fiktive Gestalt, die sich die subtile literarische Fiktion der Autobiographie zu eigen macht. Diese undramatische Autobiographie einer nicht existierenden Person ist das einzige große narrative Werk, das Pessoa hinterlassen hat: sein Roman. Ein Buch, das ein »Buchprojekt« ist, denn als Projekt hat es Pessoa mehr als zwanzig Jahre lang beschäftigt, und im Stadium des Projekts wurde es auch vor nicht allzu langer Zeit (1982) in der Truhe gefunden, wo das unveröffentlichte Manuskript fast fünfzig Jahre lang gelegen hatte. Ein *work in progress* also, ein merkwürdiges offenes Kunstwerk und ein Buch, das mehr als die anderen Bücher uns gehört, da es von der Nachwelt gemacht beziehungsweise »zusammengesetzt« worden ist.

Pessoas Werke beschränken sich, wie die kaum eines anderen Schriftstellers, auf Projekte. Das geheimnisvolle und unverwirklichte Gesamtprojekt seines Werkes stellt sich, insofern als es ein Werkprojekt ist, als *das Buch* dar: als mythisches Buch, als Summe aller Schicksale und der Welt, die »in ein Buch mündet«, von dem Mallarmé träumte und dessen Realisierung möglicherweise gerade in seinem Projektcharakter besteht; einem Projektcharakter, der im Keim die Auflösung der literarischen Genres in sich trägt. Pessoas Heteronymie, beziehungsweise das Theater seiner Gestalten ohne Theater, führt das Werk in einen ungewissen Raum. Pessoa ist nicht so sehr ein Dichter als vielmehr ein Bühnenautor, der sich der Poesie bedient; er ist nicht so sehr ein Bühnenautor als vielmehr ein Dichter, der sich des Dramas bedient; er ist nicht so sehr Romancier als vielmehr ein Dichter und ein Bühnenautor, der sich des Romanhaften bedient. Pessoas Werk stellt sich dar als die literarische Utopie, als das absolute Buch. *Das Buch der Unruhe* läßt sich betrachten als ein Splitter dieser Galaxie, die keinen Ort hat, und als ihr Beweis.

2. Wie Fernando Pessoa ist auch Bernardo Soares ein Angestellter. Bescheiden, anspruchslos und ohne Angaben zu seiner Person (im Gegensatz zu den anderen Heteronymen, die eine Biographie besaßen), führt Soares ein Leben, das ein blasser Abglanz des Lebens seines Schöpfers zu sein scheint. In einem Brief bezeichnet Pessoa ihn als »Halbheteronym, weil seine Persönlichkeit nicht die meinige, doch nicht von ihr verschieden, wohl aber eine einfache Verstümmelung von ihr ist. Ich bin es, minus die Vernunftüberlegung und die Gefühlserregbarkeit.«[1]

Die Vermutung liegt nahe, daß ein Pessoa ohne Vernunft und Emotionalität vor allem in der Aktivität des Schauens besteht. Pessoa beraubt sich also dieser Fähigkeit und schafft mit ihr Bernardo Soares, den er an ein Fenster stellt, damit er *schaut.* Aber warum schaut Bernardo Soares, und worin besteht seine Aktivität des Schauens?

»Ich lerne sehen. Ich weiß nicht, woran es liegt, es geht alles tiefer in mich ein und bleibt nicht an der Stelle stehen, wo es sonst immer zu Ende war. Ich habe ein Inneres, von dem ich nicht wußte. Alles geht jetzt dorthin. Ich weiß nicht, was dort geschieht.« Dieser Absatz, den wir durchaus für ein Zitat aus dem *Buch der Unruhe* halten könnten, stammt aus Rilkes *Malte Laurids Brigge.* Das ist kein zu vernachlässigender Zufall, und es lohnt sich, darüber nachzudenken, denn Analogien in der Literatur sind immer etwas mehr als einfache Analogien. Rilke und Pessoa kannten sich natürlich nicht, und wahrscheinlich haben sie auch nie die Werke des jeweils anderen gelesen. Dennoch weisen ihre »Romane«, die zwar zur selben Zeit, jedoch in zwei Kulturkreisen, die keine Berührungspunkte hatten, entstanden, eine Ähnlichkeit auf, die über die strukturelle Analogie, die ja selbst schon verblüffend genug ist (es handelt sich um zwei Romane, die ihrer Natur nach anti-romanhaft sind, um zwei Pseudo-Tagebücher), weit hinausgeht. Es ist vielmehr ein thematischer Zusammenhang, der diese beiden Bücher verbindet und der sich als Blick darstellt: *Olhar,* sagt Pessoas Gestalt unablässig; *schauen,* sagt Rilkes Gestalt. Und dieser Blick verweist auf die Beziehung zwischen Individuum und Realität, zwischen Ich und Außenwelt.

Wir wollen hier weder auf Heideggers umstrittene Rilke-Interpretation zu sprechen kommen noch versuchen, sie auf das *Buch der Unruhe* anzuwenden. Trotzdem besteht die erste Beobachtung, die uns dieses Buch nahelegt, darin, daß Soares' Körperlichkeit (beziehungsweise die menschliche Gestalt, die Pessoa seiner Gestalt zweifellos geben wollte) ständig Gefahr läuft, sich aufzulösen und zu verflüssigen: sich auf einen Kern an Sinneswahrnehmung zu reduzieren, der den Zugang zu etwas ermöglicht, das sich jenseits des Blicks und der Psyche befindet, jenseits der Augen und des Intellekts, und den Bernardo Soares als *Seele* bezeichnet. Der Blick, der *Das Buch der Unruhe* durchzieht, besteht in der Wahrnehmung und gleichzeitig in der Veränderung der Voraussetzungen der Wahrnehmung: er ist das, was sich außerhalb des Ich befindet und was das Ich sich zu eigen macht, er ist die Außenwelt, die zum Ich *wird.* Die Seele, von der Soares im ganzen Buch in fast obsessiver Weise spricht, ist somit ein schwierig zu definierender Raum: sie ist das Bewußtsein und das Unbewußte, das Ich, das Sein und das Dasein. Sie ist das alltägliche Leben und der Archetyp des Lebens: ein reales Leben und gleichzeitig ein Leben, das schon vorher existierte und ewig ist und das Soares von seinem zweifachen Fenster aus betrachtet, wie der allgegenwärtige Erik Brahe aus dem *Malte Laurids Brigge*, der mit seinem gesunden Auge die Welt der Lebenden betrachtet und mit seinem starren Auge die Welt der Toten.

Bernardo Soares lebt und lebt auch nicht: seine Existenz ist angesiedelt zwischen dem Leben und dem Bewußtsein des Lebens, zwischen dem Sein und der Vorstellung vom Sein, zwischen sich selbst und der Vorstellung von sich selbst, zwischen der Wirklichkeit, die er betrachtet, und der Wirklichkeit, die er in seiner literarischen Beschreibung reproduziert. Einer Beschreibung, die, nebenbei gesagt, einer ganz bestimmten stilistischen Tradition verpflichtet ist, die Bernardo Soares auf seltsame Weise kultiviert. Von etwas zu erzählen, von dem sich per definitionem nicht erzählen läßt (Luft, Farben, Licht), ist eine Kunst, die von einem bestimmten englischen Ästhetizismus gepflegt wurde, vor allem mittels des *word-painting* von Ruskin, der nicht umsonst der Wegbereiter für Turners Genie war (den Anfang allerdings hatte Keats mit seinem Tagebuch gemacht, und die beunruhigendsten »Wortmalereien« stammen von Hopkins). Soares praktiziert zweifellos die Kunst dieser Malerei: aber wenn Hopkins mit der Spannung seines Mystizismus bereits Unruhe in die Palette dieser Kunst gebracht hat, so bringt Soares mit seiner Metaphysik die Landschaft geradezu zum Explodieren. Er führt uns in einem Bild spazieren, in dem wir uns nicht mehr zurechtfinden, weil wir uns in Wirklichkeit nicht mehr im Bild, sondern *jenseits* des Bildes befinden. Bei Pessoa gibt es immer ein »jenseits«, einen Bruch. Auch Soares leidet natürlich unter diesem Bruch und malt ihn häufig mit Worten.

3. Auch Jules Laforgue muß hier erwähnt werden: noch ein Dichter, mit dem Soares eine große Ähnlichkeit aufweist. Auch er pflegt seltsamerweise die Kunst

der »Wortmalereien« (siehe dazu die *Mélanges posthumes*): sommerliche Landschaften, Herbstabende im Luxembourg, mondklare Novembernächte, Frühlingsnachmittage auf den Boulevards, glühendheiße Mittagsstunden. Aber die Ähnlichkeiten mit Laforgue gehen noch tiefer: der »ever-spleen day« (der Sonntag natürlich), an dem die Metaphysik sich im Flußbett der Alltäglichkeit ausbreitet; der Genuß des alltäglichen Nichts, der eine Unruhe hervorruft, die das ganze Universum ausfüllt, die falschen Sehnsüchte, die Nacht, die Unmöglichkeit, die Einsamkeit, das Fehlen des Signifikats und die Hypertrophie des Signifikanten. Mit einem Wort, Dekadentismus. Aber so formuliert, handelt es sich um eine plumpe Vereinfachung. Wie die Romantik ist der Dekadentismus ein Behälter mit großem Fassungsvermögen, selbst Beckett und Montale finden bequem darin Platz. Vor diesen beiden, auf jeden Fall aber auf ihrer Seite, befindet sich der *Desassossego* des Bernardo Soares beziehungsweise der *Mal-de-viver* (die Krankheit des Lebens) Fernando Pessoas, der einige Jahre vor Montale die Anregungen des französischen Symbolismus aufgenommen und ihm eine viel komplexere Bedeutung verliehen hatte.

Pessoas *Desassossego* ist gewiß eine Äußerung dieser »Krankheit«. *Desassossego,* ein Wort, das sich von dem Verb *desassossegar* herleitet, bezeichnet im Portugiesischen einen Verlust oder eine Entbehrung: das Fehlen von *sossego* beziehungsweise von Ruhe und Zufriedenheit. Soares allerdings dehnt den Begriff viel weiter aus: angefangen von der leicht dekadenten Bedeutung, die der *desassossego* in manchen Texten annimmt, wo er in Verbindung mit dem Überdruß auftritt, bis zur Nervenschwäche, zur Angst, zum Unbehagen, zum Schmerz und zur Verstörung, bis zur »Lebensunfähigkeit«.

Eine Unfähigkeit, die das alltägliche Leben betrifft,

denn vor allem ist Soares unfähig, mit seinem Alltag zurechtzukommen. Und sein Buch, das ganz im Zeichen des Unpoetischen steht, weist den Ton der »Dysphorie« auf: einen leisen und bescheidenen Ton, einen Flüsterton, wie es sich für eine Person wie Soares geziemt. Einen außergewöhnlichen Ton, denn es ist erstaunlich zu sehen, wie ein kleiner, anonymer Angestellter in einem Büro oder einem möblierten Zimmer über die Lieblingsthemen der großbürgerlichen Literatur des zwanzigsten Jahrhunderts nachdenkt, die ansonsten in den Wiener Salons und in luxuriösen Bergsanatorien diskutiert werden, in einem Ambiente jedenfalls, das Gesprächen über Tod, Kunst, Schönheit, Einsamkeit und Identität angemessen ist. Soares verstößt gegen die Konvention und gegen den Kodex, und insofern ist sein *Buch der Unruhe* höchst beunruhigend und »ansteckend«: weil es alltäglich, gewöhnlich, einfach, normal ist. Mit einem Wort, weil es *wahr zu sein scheint*. Bis zu den Gestalten Becketts ist es nur noch ein kleiner Schritt.

4. Aber mehr als nur ein Kodex geht mit Bernardo Soares in die Brüche. Zunächst einmal der Lieblingsraum der Romantik und des Dekadentismus, die auf konventionelle Weise interpretierbare und dennoch befreiende Botschaft: der Traum. Was mit Freud und Jung anfangen? Bernardo Soares träumt nicht, weil er nicht schläft. Er »schlummert«, um seinen eigenen Ausdruck zu verwenden; er sucht also häufig jenen Zustand des Über-Bewußtseins oder des freien Bewußtseins, der dem Schlaf vorangeht. Einem Schlaf, der jedoch nie kommt. Das *Buch der Unruhe* ist eine einzige riesige Schlaflosigkeit, eine »Poetik« der Schlaflosigkeit. Auch in dieser Hinsicht bricht Soares mit der kulturellen Konvention seiner Zeit. Er ist ein neugieriger Vorläufer. Seine Schlaflosigkeit sucht keine Linde-

rung auf der Couch des Psychoanalytikers, sondern verbindet sich mit dem fiebrigen Wachzustand des Existentialismus der vierziger Jahre, von Lévinas bis Blanchot. Das Leben als Unmöglichkeit, zur Ruhe zu kommen.

Schwierig zu sagen, ob Bernardo Soares eine tragische literarische Figur ist. Vielleicht sollte man untersuchen, in welcher Form sich das Tragische im zwanzigsten Jahrhundert darstellt, und die notwendigen Vergleiche anstellen. Gewiß besitzt er Ironie, denn seine bevorzugte rhetorische Figur ist die Litotes, die auch die Figur der Ironie ist. Sein langer Monolog ist jedenfalls durchsetzt mit Fragen, Wiederholungen und Interpolationen, die im Gewebe der Erzählung dieselbe Funktion haben wie die Interpolation (der »gag«) bei Beckett. Doch Soares' Monolog ist nur scheinbar ein Monolog. In Wirklichkeit ist es ein *ungewisser Dialog*, ein Dialog mit einem nichtexistierenden Gesprächspartner, und manchmal ist es auch eine mißglückte Konversation – ein Hinweis auf das Groteske.

Mit dieser Gestalt von niederer sozialer Herkunft und großer Seele betritt Lissabon auf nicht zu übersehende Weise die Bühne der Literatur unseres Jahrhunderts. Und geht ein in die Literatur unter dem Sonderstatus aller symbolischen Städte, wie Kafkas Prag, Joyce' Dublin und Borges' Buenos Aires. Die Stadt wird zum Träger des Geheimnisses, denn ihrer Geometrie hat der Autor das Geheimnis des Lebens anvertraut. Und gemeinsam mit Lissabon verschafft sich auch eine Straße Zutritt zur Literatur, die Rua dos Douradores, die Straße der Vergolder im Geschäfts- und Handwerkerviertel der Stadt, wo es auch die Straße der Kurzwarenhändler, die Straße der Gerber und die Straße der Schuhmacher gibt, und mit der Straße verschafft sich auch das Büro einer Stoffirma Zutritt zur Literatur, in dem sich dieser metaphysische Sekretär versteckt, der irgendwo Melvilles Bartleby kennengelernt haben muß. Und mit Lissabon, mit der Straße und dem Büro verschafft sich auch ein Friseurladen Zutritt zur Literatur, ein finsteres Loch, in dem Bernardo Soares sitzt, mit einem Handtuch um den Hals. Mit unergründlichem Gesichtsausdruck betrachtet er die Tür des Hinterzimmers. Denn diese alte Tür, durch die unserer Erwartungen nach eigentlich der Friseur treten müßte, grenzt direkt ans Universum.

Zarter Rauch.
Pessoa, Svevo und die Zigaretten

Zarter Rauch zieht durch die europäische Literatur des zwanzigsten Jahrhunderts, um mit Hilfe zweier Schriftsteller eine ideelle Verbindung zwischen zwei fernen Städten herzustellen, die in keinerlei Beziehung zueinander stehen und nichts voneinander wissen. Die Städte sind Lissabon und Triest, die Schriftsteller Fernando Pessoa und Italo Svevo. Der Rauch, der sie vereint, ist Zigarettenrauch. Eine literaturkritische Arbeit, deren Interesse in erster Linie dem Rauchen gilt, mag vielleicht als oberflächlich oder zumindest als ungewöhnlich erscheinen; angesichts der Tatsache, daß Opium und Absinth die Schutzgötter zahlreicher herausragender Texte des neunzehnten Jahrhunderts waren, ist es aber vielleicht auch legitim, sich den großartigen Texten des zwanzigsten Jahrhunderts unter dem Aspekt des flüchtigen Genusses des Rauchens anzunähern.

Aber was ist eine Zigarette? Bevor ich auf diese frivole Frage Antwort gebe, möchte ich darauf hinweisen, was für eine wichtige Rolle das Rauchen im Leben Fernando Pessoas und Italo Svevos spielte. Das wirkliche Leben von Svevo/Schmitz stand wie das romanhafte von Svevo/Zeno ganz im Zeichen des Rauchens, und zwar so sehr, daß das Thema der »letzten Zigarette« beziehungsweise des – im übrigen nie ausgeführten, weil vielleicht nie ernsthaft angestrebten – Vorsatzes, mit dem Rauchen aufzuhören, wie ein Refrain stets aufs neue wiederkehrte.[1] Livia Veneziani Svevo erinnert sich in diesem Zusammenhang an folgendes: »Vier Uhr sieben. Dies ist die Todesstunde seiner Mutter. Um diese Zeit nahm er sich oft vor, seine letzte

Zigarette zu rauchen, die leider nie die letzte blieb. Vielleicht versuchte er mit dem Rauchen seine ›Frösche‹ zum Schweigen zu bringen. So bezeichnete er die Zweifel, die ihn unablässig quälten.«[2]

Auch in seinen Tagebüchern und Briefen nimmt sich Svevo immer wieder vor, mit dem Rauchen aufzuhören: seit dem 9. Februar 1896, als er mit dem goldenen Füllhalter, den ihm seine Livia geschenkt hatte, seinen Vorsatz zum erstenmal zu Papier bringt, bis zu einem köstlichen Versprechen in Form eines Manifests, das er 1987 verfaßt,[3] und dann immer so weiter anläßlich der wichtigsten Ereignisse in seinem Leben, ist Svevos Dasein ein richtiggehendes Ballett letzter Zigaretten; Livia Veneziani Svevo berichtet, ihr Mann habe sogar auf dem Totenbett noch um eine »letzte Zigarette« gebeten.

Fernando Pessoas Leidenschaft für Tabak ist derart bekannt, daß sie sogar in die besten Pessoa-Darstellungen eingegangen ist:[4] die beiden berühmten Porträts von José de Almada Negreiros zeigen ihn am Tisch sitzend, mit einer Tasse Kaffee und der Zeitschrift »Orpheu« vor sich und einer Zigarette zwischen Zeige- und Mittelfinger; und auf dem vor nicht allzu langer Zeit entstandenen Bild von Costa Pinheiro, das Pessoas Wesen sehr genau erfaßt, sieht man ihn, umkreist von einer Möwe, mit Brille, Füllfeder, Zigarettenspitze und einem Päckchen »Provisórios«[5].

In der Literatur übernimmt Álvaro de Campos Pessoas private Neigung, sein Laster. Gemeinsam mit Bernardo Soares ist Álvaro de Campos der einzige in der Schar der Heteronyme, der dem Laster des Rauchens frönt. Aber während das Rauchen für Bernardo Soares, den Hilfsbuchhalter aus Lissabon, gewiß ein Kennzeichen war, wenn auch kein wesentliches (Bernardo Soares aß immer wenig zu Abend, und nach dem Essen rollte er sich eine Zigarette aus schlechtem Tabak)[6], ist die Zigarette im Falle Álvaro de Campos', des Schiffsingenieurs, der in Glasgow studiert hat und arbeitslos in Lissabon lebt, des neurotischen Dandys, der ironisch von seinen Opium-Erfahrungen spricht und dessen Markenzeichen sein Monokel und seine provokanten Manifeste sind, gewiß mehr als ein einfaches Mittel zur Kennzeichnung. Dieses »Mehr« wird in seinem vielleicht berühmtesten Text, der wahrscheinlich auch zu seinen intensivsten und bedeutungsvollsten gehört, zu etwas Substanziellem: *Tabakladen*.

Die interessanteste Erklärung für den Griff zur Zigarette und für das Laster des Rauchens im allgemeinen liefert zweifellos Freud in den »Drei Abhandlungen zur Sexualtheorie«, ob man nun mit dieser Deutung übereinstimmt oder nicht. In Freuds Theorie verweist das Laster des Rauchens, das auf dem Mechanismus des Saugens beruht, auf ein Festhalten an einem kindlichen Entwicklungsstadium, auf die Tatsache, daß die sogenannte »orale Phase« nicht überwunden wurde. Zahlreiche Svevo-Kritiker haben sich der Interpretation Freuds angeschlossen, während das Laster des Rauchens bei Pessoa/Campos merkwürdigerweise nie auf gebührende Weise analysiert worden ist – abgesehen von einigen intelligenten und flüchtigen Hinweisen von Georges Güntert und Armand Guibert.[7]

Ich möchte hier zur Verdeutlichung zumindest zwei Beispiele einer psychoanalytischen Interpretation der Zigarette Zenos anführen. Die erste Deutung stammt von Eduardo Saccone, der sich gegen die banalsten Behauptungen einer sich mehr oder weniger an Lacan orientierenden psychoanalytischen Kritik wendet,[8] indem er das Problem des Rauchens unter dem Aspekt des Begehrens sieht: »Da sie [die Zigarette] ja nicht das Objekt eines Bedürfnisses, sondern eines Begehrens ist, erfährt sie ihre Wertschätzung insofern, als sie, wie bereits gesagt, vom Anderen verboten wird« (wobei das

Andere die dem Subjekt antagonistischen Kräfte bezeichnet). Die Zigarette, fährt Saccone fort, »ist ein Signifikant, nicht eine Allegorie oder ein Bild der Männlichkeit«; und dies ermöglicht es, Zenos Verhalten als Aphanisis zu deuten beziehungsweise als Angst des Subjekts, sein Begehren zu verlieren.

Noch einleuchtender als Saccones Deutung in der Tradition Lacans ist meiner Meinung nach die orthodox freudianische Analyse Mario Fuscos in einem für die Svevo-Forschung grundlegenden Essay.[9] Der Kritiker verweist auf drei Aspekte von Zenos Sucht: auf das »zwanghafte Bedürfnis«, auf den »rituellen Charakter« und auf das Festhalten an einem »kindlichen Entwicklungsstadium«.

»Die Gewohnheit, unablässig zu rauchen, mit der wir gleich zu Beginn des Romans konfrontiert werden, stellt sich uns als *zwanghaftes Bedürfnis* dar, dessen Ursprung, wie Zeno selbst sagt, in seiner frühen Kindheit und in seiner Rivalität mit dem Vater liegt.« Fusco fährt fort: »Zenos Spiel mit Daten und Jahrestagen, ein wesentlicher Teil dieser Gewohnheit, ist ein weiterer charakteristischer Aspekt seines neurotischen Verhaltens, das jedoch in gleicher Weise mit anderen Dingen in Zusammenhang steht. Hier, in diesem Bedürfnis, sich mit Hilfe von Handlungen, die rituellen Charakter haben, Sicherheit zu verschaffen, finden wir eine Erklärung für Zenos grundlegende, zutiefst zögernde Haltung.« Der Kritiker schließt mit der Feststellung, der Roman versuche, eine ätiologische Erklärung für Zenos neurotisches Verhalten zu liefern, indem er es »ganz ausdrücklich auf eine dauerhafte ödipale Situation und auf ein Festhalten des Protagonisten an *einem kindlichen Entwicklungsstadium*« zurückführe.[10]

Mir scheint, daß sich diese einleuchtende Deutung von Zenos Zigarette als »Festhalten an einem kindlichen

Entwicklungsstadium« hervorragend eignet, um einige Überlegungen zu den Gedichten Campos' anzustellen, die uns interessieren. Angefangen von João Gaspar Simões und seinen einfühlsamen Beobachtungen zur sogenannten »kindlichen Regression« sind sich alle wichtigen Pessoa-Kritiker einig, daß die Sehnsucht nach der Kindheit in der Tat die Triebfeder darstellt, die Pessoas poetischem Schaffen zugrunde liegt: und schließlich beweisen dies auch Pessoas Texte.[11] Bei Álvaro de Campos wird die Sehnsucht nach der Kindheit schließlich zu einem echten Leitmotiv, wofür *Lisbon Revisited* (1923), *Lisbon Revisited* (1926), *Triumph-Ode* und *Geburtstag* wahrscheinlich die bewegendsten Beispiele sind.[12]

Aber um »was für eine« Kindheit handelt es sich? Ich gebe Eduardo Lourenço recht, der meint, man dürfe die Kindheit bei Pessoa nicht wie bei den Dichtern der wehmütigen Kindheitserinnerungen als eine vermittelte sehen, sondern in ihrer ganz eigenen Gestalt. Eduardo Lourenço beweist mit seiner klugen Argumentation, daß Pessoa nicht seine wirkliche Kindheit wiederfindet, die er sich möglicherweise als etwas Unberührbares vorstellt, »so wie alle heiligen Dinge unberührbar sind«,[13] sondern daß er vielmehr eine imaginierte Kindheit wiederfinden möchte beziehungsweise einen Archetyp der Kindheit, eine fiktive Kindheit. Trotzdem glaube ich, daß Pessoas Regression sich nicht in der Sehnsucht nach einer archetypischen Kindheit erschöpft, nach einem irdischen Paradies, wo es die tröstliche Figur des Vaters gibt, deren Anwesenheit (oder Abwesenheit) gewiß grundlegend ist für das Verständnis mancher grundlegender Aspekte seiner Dichtung.

Es gibt noch eine andere Kindheit, die Campos in seinen Gedichten verzweifelt und obsessiv wiederzufinden versucht, die im Zeichen der unablässigen Opposition von Spekulation und Nicht-Spekulation stehen und sich zwischen zwei Polen bewegen: zwischen dem ontologischen Zweifel, dem fest auf die Wirklichkeit gehefteten Blick einerseits und dem unendlichen Überdruß an diesem ständigen Zweifeln auf der anderen Seite, dem Behagen, von aller spekulativen Erkenntnis befreit zu sein und sich der großen, stillen und leeren Ruhe einer prä-spekulativen Erkenntnis zu überlassen, die auf die Sinne vertraut, in einem »feinfühligen, dazu passenden Augenblick«, und absolut physiologisch ist.

Campos' leidenschaftliche Sehnsucht nach der Kindheit zielt also nicht nur auf die Rückkehr in der Erinnerung zu einer mehr oder weniger fiktiven Kindheit ab, die man aber trotzdem nicht vergessen hat und die sich rekonstruieren läßt, sondern vielmehr auf eine Rückkehr in der Empfindung zu einer nicht erinnerbaren Kindheit, als der Fluch der spekulativen Erkenntnis ihn noch nicht in den Zustand des unausweichlichen Unbehagens (beziehungsweise der Krankheit) versetzt hat, der eine Folge des Nachdenkens über die Wirklichkeit ist.

»Zu der Zeit, da sie meinen Geburtstag feierten, / war ich so selbstverständlich gesund, von nichts etwas zu verstehen ...« Der Zustand des großen Glücks, der vollkommenen Gesundheit ist genau *diese* Kindheit, eine per definitionem nicht erinnerbare Kindheit, denn sie hört mit dem Augenblick auf, in dem man sich an sie erinnern könnte, sie liegt vor der Zeit, in der die vom Verstand bestimmten Erinnerungen Gestalt annehmen, existiert ausschließlich in der Dimension des Geschmacks-, Geruchs-, Gehör- und Gesichtssinns, ist noch nicht verseucht von der »Krankheit« des Verstandes, von der ontologischen Qual, die Campos folgenden Ausruf entlockt: »Ach, vor dieser einzigen Wirklichkeit, die das Geheimnis ist, / vor dieser einzigen schrecklichen Wirklichkeit – daß es eine Wirklichkeit gibt.«[14]

»In mir steckt vor allem Erschöpfung«: Campos' Gedichte sind voller Erschöpfung, oder besser gesagt: »Erschöpfung ist es nicht … / Es ist die Tatsache, daß es mich gibt und auch die Welt.« Und auch die Nacht und der Wunsch nach Nacht und Schlaf kehren in Campos' Gedichten immer wieder und Anrufe an die Nacht und an den Schlaf.

> Schlummere, Seele, schlummre!
> Nutz die Gelegenheit, schlummre!
> Schlummre!
> Du hast nur noch wenig Zeit.
> Also schlummre!
> Wir stehen am Vorabend einer nie vollzogenen
> Abfahrt![15]
>
> Der Schlaf, der auf mich niedersinkt,
> der geistige Schlaf, der physisch auf mich niedersinkt,
> der universale Schlaf, der individuell auf mich
> niedersinkt –.[16]
>
> Ich denke an nichts,
> und diese wichtige Sache, die keine Sache ist,
> ist mir so angenehm wie die nächtliche Luft.[17]
>
> Am Ende allen Schlafens …[18]

Die Flucht in den Schlaf ist für Campos wahrscheinlich die einzige Möglichkeit, »diese alte Angst, diese Angst, die ich schon seit Jahrhunderten in mir trage«,[19] zu vergessen; oder auch eine Möglichkeit, aus dem »Kerker des Denkens« in ein »billiges Universum« zu fliehen, sobald die Zimmertür geschlossen ist und das

»Schlurfen der Pantoffel auf dem Korridor ein Ende genommen hat«.[20]

Aber zwischen der Traumwelt, dem Nicht-Bewußtsein der Realität, und der Welt des hyperluziden Wachzustandes, dem unerträglichen Bewußtsein dieser Realität, gibt es noch ein drittes Stadium, das Stadium der phänomenalen Wahrnehmung, in dem sich die Welt als reine Sinneswahrnehmung darstellt. Es ist dies die Welt jenes Stadiums der Kindheit, in dem die Wirklichkeit erfahrbar ist in Form einer seligen und rein physiologischen *oralen Befriedigung*. In diese Welt der Kindheit, in der man so »selbstverständlich gesund ist, von nichts etwas zu verstehen«, kehrt Álvaro de Campos, wie wir sehen werden, zurück, wenn er eine Zigarette raucht.

Herr Álvaro de Campos kann freilich auf eine langjährige Erfahrung als Raucher zurückblicken! Seit *Opiário* ist er ein fleißiger Besucher der *smoking-rooms:*

> Fahr nicht nach Port Said, Schiff aus Eisen!
> Fahre nach rechts, ich weiß auch nicht, wohin.
> Ich verbringe die Tage im *smoking-room* mit
> dem Grafen –
> einem französischen Schwindler, einem Grafen,
> der am Ende des Leichenzugs geht.[21]

Man kann einwenden, *Opiário* sei ein kleines, rückdatiertes Gedicht, das die Register der Ironie zieht, und daß der Protagonist dieses Gedichts nur ideell aus der Vorgeschichte Álvaro de Campos' stammt. Es muß jedoch eine Bedeutung haben, wenn Pessoa, und sei es auch unbewußt, seinem Protagonisten einen leidenschaftlichen Hang zum Rauchen bescheinigt. Der Campos des *Opiário,* ein gelangweilter, blasierter Dandy mit Hang zum Exotischen, verspürt gewiß nicht die existentielle Angst des »reifen« Campos: seine Gestalt ist zugeschnitten auf den Typ des dekadenten Dichters à la Oscar Wilde, und der sanfte Spleen, der sein Kennzeichen ist, hat noch keine metaphysische Dimension angenommen wie bei dem arbeitslosen Ingenieur in Lissabon, sondern ist ein ganz und gar existentieller, vielleicht etwas oberflächlicher und modischer Spleen. Man könnte sagen, daß der Álvaro de Campos von *Opiário* »bereits weiß«, worin sein Problem besteht, daß er sich damit jedoch noch nicht beschäftigt hat; er verbringt den Tag mit Rauchen (»Ich verbringe den Tag mit Rauchen, Dinge zu trinken / amerikanische Drogen, die betäuben«),[22] und der Geschmack des Lebens löst sich auf im Geschmack einer Zigarette:

Ach wie schön wäre es
durch eine Falltür ins Grab zu stürzen!
Das Leben schmeckt mir nach blondem Tabak.
Nichts andres tat ich als das Leben verrauchen.[23]

Eine ganz andere Funktion scheint die Zigarette hingegen beim »reifen« Campos zu haben. Sie ist nicht länger das Symbol, das Bild der vertanen Tage, die wie eine Zigarette in Rauch aufgegangen sind, des vergeudeten Lebens des Dandys, sondern ein Mittel der Abwehr, ein Gegengift. Ein undatiertes Gedicht, das aber wahrscheinlich zu den letzten Werken Campos' gehört, zeigt auf beinahe herausfordernde Weise, wozu Campos die Zigarette benützt:

Mir gefiele es, daß mir das Gefallen gefiele.
Einen Augenblick ... Gib mir eine von den Zigaretten
aus der Schachtel oben auf der Kommode.
Sprich weiter ... Du sagtest,
daß in der Entwicklung der Metaphysik von Kant
bis Hegel

etwas verlorengegangen ist.
Ich bin vollkommen einverstanden.
Ich habe wirklich zugehört.
Nondum amabam et amara amabam (Sankt Augustinus).
Wie seltsam, diese Gedankenverbindungen!
Ich bin es müde, zu denken, ich hörte etwas anderes.
Danke. Laß mich anzünden. Sprich weiter. Hegel ...[24]

Beinahe ist man versucht zu sagen, daß Álvaro de Campos die Metaphysik haßt (oder daß er sie nicht ernst nimmt) und daß er ihr gegenüber eine Haltung beißenden Spotts einnimmt; aber das wäre natürlich eine Vereinfachung. Vielleicht sollte man lieber sagen, daß Campos *ein metaphysischer Dichter ist, der die Metaphysik haßt.* Obwohl es »keine andere Metaphysik auf der Welt gibt als Schokolade«,[25] phantasiert der Ingenieur Álvaro de Campos, ein Ausgestoßener und Vagabund, der immer ein »Mansardenbewohner« sein wird, auch wenn er nicht mehr dort wohnt, daß die metaphysischen Spekulationen in Kaffeehaus-Nischen, die einsamen Philosophien in so vielen Dachkammern von Gescheiterten, die Zufallsgedanken so vieler Zufallsmenschen, die Ahnungen so vieler Nullen – vielleicht eines Tages in flüssiger Abstraktion einen Gott formen und die Welt erfüllen.[26]

Die Metaphysik, gegen die Campos mit Hilfe seiner Zigarette ironisch ankämpft, die er in Wirklichkeit jedoch besitzt und ausübt, ist genau jene »Eigenschaft«, die ihn daran hindert, »praktisch, alltäglich und strahlend zu sein, einen Platz im Leben einzunehmen, ein Schicksal unter den Menschen zu erfüllen, ein Werk, eine Kraft, einen Willen, einen Garten zu haben ...«[27] Und auch das unterscheidet ihn vom »Stefan ohne Metaphysik«, der den Tabakladen verläßt und sich das Wechselgeld in die Hosentasche steckt; »die Empfindung, daß alles nur Traum ist, innere Wirklichkeit«, im

Gegensatz zur »Treue«, die er dem Tabakladen auf der anderen Straßenseite schuldet als »äußerer Wirklichkeit«, deren Ordnung der praktische Stefan offenbar angehört.

Das ganze Gedicht *Tabakladen* steht völlig im Zeichen der Dialektik dieser beiden Gegensätze: einerseits des Wunsches, die Erscheinungswelt, die vom Tabakladen auf der anderen Straßenseite symbolisiert wird, zu akzeptieren, und andererseits der Spekulationen des Dichters über die »äußere Wirklichkeit«. Oder anders gesagt, des Gegensatzes zwischen der *naturalis salus*, die darin besteht, die phänomenale Wirklichkeit zu akzeptieren, und dem metaphysischen Schauder infolge des Zweifels an ebendieser Wirklichkeit.

Aber warum ist es gerade ein Tabakladen, der das reine Phänomenale symbolisiert? Warum muß gerade ein Tabakgeschäft das Bild einer Realität ohne Metaphysik transportieren, einer einfachen und scheinbar körperlichen Realität, die sich eben in ihrer Körperlichkeit erschöpft? Man könnte antworten, daß es sich dabei bloß um einen Zufall handele, und auf Pessoas Biographen verweisen, die uns daran erinnern, daß es in der Rua dos Retroseiros, an der Ecke zur Rua da Prata, also genau gegenüber einem der Büros, in denen Fernando Pessoa arbeitete, einmal einen Tabakladen gab, die »Havaneza dos Retroseiros«, der später geschlossen wurde, den Pessoa aber damals vor Augen hatte.[28] Aber wie viele Läden hat Pessoa wohl vor Augen gehabt, angefangen von den kleinen Cafés und Restaurants, die er häufig besuchte, bis zu den Friseurläden und den kleinen Geschäften der Lissaboner »Baixa«, die Álvaro de Campos und Bernardo Soares so häufig beschrieben?[29] Ich glaube nicht, daß es sich bei dem Tabakladen, der eine Realität ohne Metaphysik symbolisieren soll, um eine rein zufällige Wahl handelte, die durch die zufällige Lage des Ladens nahegelegt wurde, sondern ich möchte die Hypothese aufstellen, daß es sich um eine *notwendige* Wahl handelte, wenn auch nicht um eine bewußte Absicht, sondern eine vorbewußte Notwendigkeit. Campos entscheidet sich »gezwungenermaßen«, aufgrund einer typischen Freudschen Fehlleistung, für ebendiesen Laden und für keinen anderen, weil hier eine Ware verkauft wird, deren er sich für gewöhnlich bedient – wenn auch ohne es zu bemerken –, um seine metaphysische Angst zu lindern: Tabak.

An dieser Stelle möchte ich den Schluß des Textes analysieren, einen Absatz, der meiner Meinung nach eine große Bedeutung innerhalb des Gedichts hat, denn in diesem Absatz kommt es zu einer entscheidenden Wende, zu einer Lösung. Die Angst des Protagonisten hat ihren Höhepunkt erreicht, die Spannung ist am äußersten Punkt angelangt. Nach den Betrachtungen über die »äußere Wirklichkeit« (»Ich trete ans Fenster und sehe die Straße in völliger Klarheit. / Ich sehe die Läden, die Bürgersteige, vorüberfahrende Wagen, / ich seh' die lebendigen und bekleideten Wesen, die aneinander vorübergehn, / ich sehe die Hunde, die ebenfalls leben, / und all dies lastet auf mir wie ein Bann, und all dies ist Fremde.«)[30], den Betrachtungen über die Sinnlosigkeit (des Traums als innere Realität) beziehungsweise der Poesie (»Musik meiner müßigen Verse, / was gäbe ich drum, dich zu finden als etwas von mir Erschaffenes«) und der verzweifelten Schlußfolgerung, daß sie (Wirklichkeit und Traum) im Grunde ein und dasselbe sind (der Besitzer des Tabakladens, der ein Ladenschild hinterläßt, der Dichter, der Verse hinterläßt), finden wir uns plötzlich in der Dimension des Absurden wieder. Wir treten mit Álvaro de Campos an den Riß in der Leinwand, hinter der sich der Sinn der Welt verbirgt, und entdecken ein Universum, das mechanisch kreist, um endlos Gedichte und Ladenschilder zu erzeugen, wie bei einem paradoxen Schachtelspiel, wo der »Sinn« jeder Schachtel einzig und allein darin besteht, wieder eine Schachtel zu enthalten. Doch ...

Doch ein Mann trat ein in den Tabakladen (um Tabak zu kaufen?),
und die glaubhafte Wirklichkeit überwältigt mich jäh.
Ich richte mich auf, energisch und überzeugt und menschlich,
und will versuchen, diese Verse zu schreiben, in denen ich grade das Gegenteil sage.

Was bedeutet diese adversative Konjunktion am Beginn des Verses? Was bedeutet dieses »doch«, für das es offenbar keine Erklärung gibt und das von der Kritik immer kommentarlos hingenommen wird? Und was soll dieser plötzliche Stimmungswechsel, dieser Ruck, aufgrund dessen sich Campos plötzlich aufrichtet, »energisch, überzeugt und menschlich«, nachdem er gerade Betrachtungen angestellt hat, die von einer tödlichen Melancholie zeugen? Was ist geschehen?

Versuchen wir mit Hilfe eines Modells von aufeinanderfolgenden Bewegungsabläufen den Vorgang zu beschreiben, der in Campos abläuft:

Der metaphysische Campos	Campos ohne Metaphysik
↓	↑
sieht den Mann, der hereinkommt, um Tabak zu kaufen	zündet eine Zigarette an
↘	↗

der Gedanke an Tabak löst in ihm den Wunsch aus, zu rauchen

Das Wunder ist geschehen:

Bei dem Gedanken, sie schreiben zu wollen, zünd' ich
mir eine Zigarette an
und genieße beim Rauchen Befreiung von allen
Gedanken.
Ich verfolge den Rauch, als wär's mein eigener Weg,
und genieße in einem feinfühligen, dazu passenden
Augenblick
die Befreiung von allen Spekulationen
und das Bewußtsein, daß Metaphysik nur die Folge von
Unwohlsein ist.

So wie das Rauchen für Svevo ein Mittel war, seine »Frösche« zum Schweigen zu bringen, und bei Zeno ein zwanghaftes Bedürfnis, das auf ein kindliches Entwicklungsstadium verweist, so funktioniert bei Campos die Zigarette auf intellektueller Ebene, um ihn in den Zustand einer rein physiologischen oralen Befriedigung zurückzuversetzen, in jenen Zustand, der vor den Spekulationen liegt und in dem man »so selbstverständlich gesund ist, von nichts etwas zu verstehen«. In diesem Augenblick ist auch Campos ein Stefan ohne Metaphysik, obwohl sich ihm das Universum ohne Ideal und Hoffnung darstellt, ein praktischer, alltäglicher, strahlender Mensch, der einen Garten besitzen könnte. Ein »normaler« Mensch. Bloß dauert diese »Normalität« nur den »feinfühligen und dazu passenden« Augenblick einer Zigarette.

Die Liebesbriefe

Die Geschichte dieser höchst geheimen und keuschen, optimistisch kindlichen und gleichzeitig so hoffnungslosen Liebe, die ihren schriftlichen Niederschlag unter anderem in einer Parodie der Liebeserklärung Hamlets an Ophelia und in Kärtchen, die in Bonbonschachteln versteckt wurden, fand und mit einem Nonsensgedicht zu Ende ging, könnte vielleicht als lächerlich erscheinen, hätte sie nicht, wie jede große Liebe, am Lächerlichen und am Sublimen teil.

Wir haben es mit einem Faust im Gabardinemantel zu tun, der häufig an Angina erkrankt und in Lissaboner Handelsfirmen tätig ist und der gezwungen ist, sein zartes, intelligentes und etwas verstörtes Gretchen gegen einen unerbittlichen und tyrannischen Mephistopheles einzutauschen, der im *Projekt des Werks* lauert. (»Im übrigen kreist mein Leben um mein literarisches Werk – so gut oder schlecht es sein mag oder sein kann. Alles übrige im Leben ist für mich von zweitrangigem Interesse ...«) Unmöglich, in diesem Zusammenhang nicht an einen Brief Kafkas zu denken, den er 1912 an Felice Bauer schrieb: »Mein Leben besteht und bestand im Grund von jeher aus Versuchen zu schreiben (...) Meine Lebensweise ist nur auf das Schreiben hin eingerichtet und wenn sie Veränderungen erfährt, so nur deshalb, um möglicher Weise dem Schreiben besser zu entsprechen, denn die Zeit ist kurz, die Kräfte sind klein, das Bureau ist ein Schrecken, die Wohnung ist laut und man muß sich mit Kunststücken durchzuwinden suchen, wenn es mit einem schönen geraden Leben nicht geht.«

Und genauso unmöglich ist es, diese Entscheidung nicht als einen selbstverständlichen und vielleicht auch etwas gewöhnlichen Ersatz zu sehen: Pessoa hat sich schlicht und einfach für die Literatur entschieden, weil er sich für die Liebe *nicht* entscheiden konnte.

Aber jeder Pessoa-Leser weiß, daß Kategorien wie »selbstverständlich« oder »gewöhnlich« einem Menschen nicht gerecht werden, der ein Leben als kleiner Angestellter führte, *als ob* er ein kleiner Angestellter wäre, der mit sich selbst umging, *als ob* er ein anderer wäre, und der Gedichte schrieb, *als ob* es die Gedichte anderer wären. Ein Sentimentalismus der abgeschmacktesten Art, der so einwandfrei kitschig und so unanfechtbar »normal« ist, verleiht diesen Briefen etwas Offensichtliches, das allzu offensichtlich ist, um wirklich offensichtlich zu sein. Dies ist der erste Verdacht, der sich bei der Lektüre der Briefe einstellt, und somit das erste Unbehagen. Als ob sich in diesen naiv abgeschmackten Botschaften unterirdisch etwas unergründlich Schädliches und Sündhaftes verbergen würde. In diesen Briefen gibt es keine Offensichtlichkeit, sondern nur ein (mit Großbuchstaben geschriebenes) platonisches Offensichtliches, dessen verborgene Struktur, die in Briefform gehaltene Phänomenologie eines Paradigmas: den bedrohlich dummen Kodex der Liebe.

Stendhal hätte diese Liebe wahrscheinlich nicht gefallen, die zu arm an historischen Konnotationen und gesellschaftlichen Implikationen war, als daß sie würdig gewesen wäre, in seinen Traktat aufgenommen zu werden. Hätten jedoch Bouvard und Pécuchet diese Briefe zu sehen bekommen, dann hätten die beiden Metaphysiker der *bêtise* wahrscheinlich mit Genugtuung ihren Lieblingssatz von sich gegeben: »Was machen wir damit? Nicht nachdenken! Wir schreiben ab!« Mit Flaubert verband Pessoa übrigens eine große geistige Verwandtschaft. Wie der ehemalige *idiot de la famille,* der in seinem Zimmer eingeschlossen ist und die Welt vom Fenster aus beobachtet, hätte auch er zu Recht erklären können, daß das Leben »nur dann erträglich zu sein scheint, wenn es einem gelingt, es zu vermeiden«; und sein Werk, insbesondere die berührendsten Gedichte von Álvaro de Campos (*Stundenzug* und *Tabakladen*), bestätigen dies. Und dies ist auch der Grund, warum uns das Alphabet dieser Briefe ein Unbehagen verursacht wie eine schmerzhafte und sinnlose Sünde: wie jemand, der mit höchster Überzeugung etwas leben möchte, von dem er nicht überzeugt ist; wie bestimmte raffiniert ausgetüftelte Mechanismen, die reiner Selbstzweck sind. Denn diese Briefe legen den Gedanken nahe, Pessoa hätte einem anderen, der er selbst war, den Auftrag gegeben, sich in das Fräulein Ophélia Queiroz, die in den zwanziger Jahren in Lissabon ebenfalls in einer Handelsfirma angestellt war, zu verlieben und ihr Liebesbriefe zu schreiben. Und daß er sich zurückzog, um seinen Bouvard und Pécuchet zu betrachten, sein Alter ego, das seine eigenen Briefe abschrieb. Der ganze Pessoa ist »als ob«, hat Luciana Stegagno Picchio geschrieben. Auf ihre Weise sind auch diese Briefe »als ob«.

Aber freilich verursacht auch das »als ob« Leiden. Und vielleicht auch Freuden. Wie eine Prothese. Und es setzt eine Übereinstimmung mit der Sensibilität des Körperteils voraus, den es verlängert: beide funktionieren nach denselben Prinzipien, verfügen über dieselben Mechanismen, sind vielleicht sogar aus demselben Material. Fernando Pessoa, der sein »als ob« lebt, ist natürlich *ebenfalls* Fernando Pessoa. Wenn wir also die spärliche Geschichte seiner »Als-ob-Liebe« zurückverfolgen, entdecken wir eine »weitere Oberfläche, eine weitere Schicht des Labyrinths, das Pessoa stets war.«[1]

Worum geht es in diesen Briefen? Zunächst einmal um Arbeitszeiten, was nicht weiter verwundert bei einem Mann, der sein Leben nach dem unwandelbaren Zeitmaß des kleinen Angestellten richtete. Aber in diesen Briefen werden die Uhrzeiger derart obsessiv heraufbeschworen, als dienten sie nicht nur der Zeitmessung. Wie alle großen Neurotiker hat Pessoa das Talent, das Banale mit Großbuchstaben zu schreiben. Bei ihm wird die Gewohnheit zum Tick, der Tick zur Manie, die Manie zur Obsession; und die Obsession verweist auf dunkle Bereiche, auf winzige alltägliche Abgründe, auf Totems im praktischen Taschenformat, die aber deshalb nicht weniger bedrohlich und mächtig sind. In den Briefen geht es aber auch darum, daß er sich weigerte, sich photographieren zu lassen, weil er Angst vor dem provisorischen »Abbild seiner selbst« hatte, wie er einer Tante als Widmung schrieb, die ihn hartnäckig um ein Bild gebeten hatte; was gewiß etwas mit Campos' Angst vor der »sichtbaren Wirklichkeit« zu tun hat, die in dessen Dichtung stets wiederkehrt. Und schließlich geht es darin um das ungewöhnliche Wortpaar Liebe / lustwandeln, das von dem schizoiden Bedürfnis nahegelegt wird, sich stets an einem anderen Ort befinden zu wollen als dort, wo man gerade ist. Was Pessoa zwingt, obsessiv Routen und Wege zu finden und zu erfinden, ein dichtes topographisches Netz anzulegen, das aus Straßen, Plätzen, Gäßchen, Hafenkais und Straßenbahnhaltestellen besteht und das mit dem Lissabon (der »Baixa«) übereinstimmt, wie es der Avantgardist Campos und Bernardo Soares, der dekadente Hilfsbuchhalter, beschreiben.[2] Und schließlich geht es in diesen Briefen auch um die Projektion des eigenen Ich auf das geliebte Wesen, um sich in ihm narzißtisch zu lieben, wobei man sich an die Verse von Ricardo Reis erinnert fühlt.

> Niemand liebt einen andern, man liebt nur,
> was von einem selbst im andern ist (oder was man
> vermutet).

Was an sich liebt (oder vermutet) Fernando Pessoa in Ophélia? Er liebt das Kind, das er ist, seine unmittelbarsten kindlichen Bedürfnisse, die endlich der Kontrolle des Über-Ich entzogen sind und sich unverschämt nackt zeigen dürfen: was kindliches Gebrabbel bedeutet, den Wunsch nach zärtlichen mütterlichen Klapsen, das Bedürfnis, in den Schoß zurückzukehren, Neid auf eine Welt und Sehnsucht nach einer Welt, in der die Erwachsenen die Aufgabe hatten, die Wirklichkeit zu beurteilen.

Gewiß war das eine schön neurotische, wahnsinnige Beziehung, wie alle Liebesbeziehungen, die normalerweise ein ganzes Leben dauern: genau das Gegenteil einer befreienden, mitreißenden Leidenschaft, die ihren Sitz in den Lenden hat. Nein: dies war eine Ehe, ohne eine Ehe zu sein, und als solche nährte sie sich von Gewohnheiten, von Anstand, von Ergebenheit und Kleinlichkeit. Diese Liebe riß niemanden mit, befreite niemanden und brachte nichts hervor. Sie beschränkte sich auf die reine *Vorstellung* von der Ehe oder auf die reine *Struktur* der Ehe und verzichtete auf das Ehebett. Aber was hat die Sexualität damit zu tun? Darin, und nicht in einer vollzogenen Ehe, bestand für Pessoa das Wesen der Liebe, wie es das Orthonym in einem Gedicht formulierte:

> Die Liebe ist das, was wesentlich ist.
> Das Geschlecht ist nur ein Zufall.
> Es kann gleich
> oder verschieden sein.
> Der Mensch ist kein Tier:
> er ist intelligenter,
> wenn auch zuweilen krankes Fleisch.

Doch dieser »Zufall« ereignete sich nicht. Wahrscheinlich war diese Zufälligkeit einer derartigen Liebe untersagt, wie die Briefe beweisen. Und warum sollten wir übrigens vom Menschen Pessoa sprechen? Hier agiert eines seiner zahlreichen Alter egos, das zwar denselben Namen trägt wie er (oder sogar er ist), ein »doppelter« Doppelgänger. Mehr denn je eine Gestalt seiner selbst, lebt das Orthonym Pessoa, das an den Tischchen der alten Lissaboner Cafés Liebesbriefe schreibt, sein Leben als Literatur: wie Campos, Reis, Caeiro und die anderen Heteronyme führt er also ein Leben, das die Quintessenz des Lebens selbst ist, sein *Kodex*.[3]

Diese Briefe kreisen somit wie die ganze Dichtung Pessoas um das Problem der Fiktion und somit das der Heteronymie. Wie sollte es auch anders sein, ist doch Pessoas »wahre Fiktion«, wie er selbst spitzfindig unterscheidet, nicht nur eine literarische Dimension, sondern eine Haltung der Wirklichkeit gegenüber und kam im Leben wie auch in der Literatur unterschiedslos zur Anwendung. Doch von den echten Heteronymen tritt in den Briefen hauptsächlich Álvaro de Campos in Erscheinung, denn wie Ophélia sich erinnert, sprach »Fernando selten von Caeiro, von Reis und Soares«. Zwar taucht auch Herr Crosse auf, der Scharadenspieler mit dem Scharadennamen, der sein Leben damit zubrachte, sich an den von der Londoner »Times« ausgeschriebenen Rätsel-Wettbewerben zu beteiligen. Wenn er auftritt, heißt das jedoch nie, daß er sich zwischen die beiden Liebenden stellt: ganz im Gegenteil, er ist eine tröstliche und beschützende Gestalt, die sogar in Aussicht stellt, die Verliebten finanziell zu unterstützen, wenn er bei einem Wettbewerb gewinnen sollte. Ganz anders verhält es sich mit dem Ingenieur Álvaro de Campos, der immer ironisch respektvoll mit seinem Titel angesprochen wird. Die Tatsache, daß es ihn gibt, steht bald störend zwischen Fernando und Ophélia, er fordert sein Recht ein, zu urteilen, zu handeln, teilzuhaben. »Wundere Dich nicht, daß meine Schrift etwas sonderbar ist«, rät Fernando in Brief Nr. 13, und er rechtfertigt diesen merkwürdigen Umstand mit zwei Gründen: mit der Qualität des Papiers und der Tatsache, daß er betrunken ist. Und dann fügt er noch als dritten Grund hinzu: »daß es nur zwei Gründe gibt und daher keinen dritten Grund mehr zu geben braucht.« Dies ist ein typisches Oxymoron à la Campos, der in Klammern als Urheber dieser paradoxen Behauptung firmiert; dabei darf man jedoch nicht vergessen, daß sich hinter diesem scheinbaren Nicht-Grund ein wirklicher Grund verbirgt: Pessoas Gewohnheit, mit dem Heteronym auch die Schrift zu wechseln. Darin besteht die echte Sonderbarkeit (sprich: das Fremde) seiner Schrift.

Bliebe noch die Frage zu klären, warum von den drei wichtigsten Heteronymen es gerade Álvaro de Campos zufiel, an Fernandos Liebesgeschichte teilzuhaben. Gewiß genoß er einen Sonderstatus, den die anderen Heteronyme nicht hatten. Alberto Caiero starb sehr jung, im Jahr 1915, nachdem er sein ganzes Leben bei einer alten Tante auf dem Land verbracht hatte. Ricardo Reis verließ ziemlich bald Portugal, emigrierte aufgrund seiner monarchistischen Ideen nach Brasilien und kehrte nicht mehr zurück. Álvaro de Campos, der arbeitslose Schiffsingenieur, verbrachte sein ganzes Leben mit Pessoa, besuchte und liebte dieselben Orte (die »Baixa«, die Hafenmole, die Jugendstil-Cafés, die kleinen Geschäfte und die Tabakläden in der Rua dos Retroseiros), und er hörte gleichzeitig mit Pessoa zu schreiben auf beziehungsweise starb mit ihm. Ich glaube jedoch, daß man an dieser Stelle die scharfsichtige Beobachtung von Jorge de Sena hinsichtlich Campos' Neigungen in Betracht ziehen sollte, der der einzige Homosexuelle unter den Heteronymen ist. Wenn diese Beobachtung zutrifft, wenn also Campos von Pessoa (bewußt oder unbewußt) als »Störelement« ausgewählt wurde, dann stellt sich seine Rolle in der Liebesgeschichte als ziemlich kompliziert dar, denn auf diese Weise wird er zum Dritten im klassischen Dreieck, wenn auch unter einem anderen Vorzeichen. Im übrigen ahnte Ophélia aufgrund ihrer Intelligenz und Sensibilität, daß Campos für sie eine Bedrohung und einen Feind darstellte. Fernando wirft ihr auch verschiedentlich vor, daß sie dem Ingenieur gegenüber eine Abneigung hege, und beklagt sich mehr als einmal über ihre Feindseligkeit, obwohl Campos »das kleine Mädchen sehr, sehr lieb hat« (Brief 26). Die Begeisterung des avantgardistischen Ingenieurs ist jedoch von kurzer Dauer, denn kaum einen Monat davor hatte Fernando einen Brief mit folgender Aufforderung beendet: »Trockne Deine Tränen, schlimmes Baby! Heute hast Du meinen alten Freund Álvaro de Campos an Deiner Seite, der im allgemeinen immer gegen Dich gewesen ist« (Brief 22).

Campos beansprucht jedoch immer mehr Raum und droht sogar, Fernando zu verdrängen, an seine Stelle zu treten. Im Brief Nr. 35, wo Fernando Ophélia das Vorhaben anvertraut, sich in einer psychiatrischen Klinik behandeln zu lassen, um sich gegen die schwarze Welle zur Wehr zu setzen, die sein »zerrüttetes Gehirn« überschwemmt hat, versucht er abschließend mit einer scherzhaften Formulierung ein Ereignis zu bagatellisieren, das gewiß sehr bedrückend und verstörend war. Der launische Ton kann jedoch nicht verbergen, in welche Angst ihn ein »Spiel« versetzt, über das er wahrscheinlich keine Kontrolle mehr hat. Wir befinden uns im Oktober 1920, kurz vor der ersten Trennung, und der Satz lautet: »Was war es im Grunde? Man hat mich mit Álvaro de Campos verwechselt.«

Doch selbst neun Jahre später, als nach einer langen Trennung vorübergehend der Funke einer neuen Liebe zu glühen beginnt, zieht sich der Schiffsingenieur nicht diskret zurück. Ganz im Gegenteil, er mischt sich selbstsicher und anmaßend in die Beziehung ein und übernimmt sogar die Aufgabe, eigenhändig an seine »Rivalin« zu schreiben, um sie zu überreden, nicht mehr an Fernando zu denken (Brief Nr. 41). Campos' Aufforderung, Ophélia möge das »geistige Bild« Pessoas in den Abfluß werfen, klingt nach Rache (besser gesagt, nach Abrechnung): Orthonym und Heteronym genießen inzwischen denselben Status, sind beide ein geistiges Bild, eine Erfindung, die Vorstellung von einem, der zwar Fernando Pessoa, aber keiner von beiden ist.

Und wo ist der »wirkliche« Pessoa inzwischen? Wo spielt sich sein Leben ab? Was treibt dieser Mann, der auf der Flucht vor sich selber ist? Pessoa befindet sich in irgendeinem Anderswo, denkt *sich* und schreibt *sich*. Sein Schicksal »gehorcht einem anderen Gesetz ... und ist immer mehr dem Gehorsam gegenüber Meistern unterworfen, die nichts erlauben und nichts verzeihen« (Brief 36). Wie diese Liebe, die nur ein Gedanke war, scheint auch das »wirkliche« Leben Pessoas ein Gedanke zu sein, als ob alles von einem anderen erdacht worden wäre. Er lebt, aber sein Leben hat keinen Ort. Es ist ein Text. Und in dieser Abwesenheit liegt seine verstörende Größe.

Der Seemann: eine esoterische Scharade?

> Mein Interesse am Leben ist das eines Scharadenspielers.
>
> *F. Pessoa*

1. In einer Publikation des Centro da História da Cultura der Universidade Nova de Lisboa ist vor kurzem der außergewöhnliche Essay eines Philosophen über den *Seemann** von Pessoa erschienen. Dabei handelt es sich um sieben Reflexionen oder besser gesagt um sieben verschiedene Interpretationen, in denen der Autor versucht, den Pessoa-Archipel zu umschiffen – um seine eigenen Worte zu gebrauchen – und sich ihm unter verschiedenen Gesichtspunkten zu nähern, indem er selbst in die Haut des Seemanns schlüpft.[1] Dabei handelt es sich jeweils um eine Reflexion unter symbolischen, platonischen, plotinischen, nietzscheanischen, heideggerianischen, kubistischen und heteronymischen Gesichtspunkten. Der Autor, der methodologisch von Paul Ricoeurs *Hermeneutik des Verdachts* ausgeht, macht auf liebenswürdige, jedoch unerbittliche Weise die augenblicklich beliebteste These zunichte, die in Pessoas Drama *Der Seemann* einen paradigmatisch esoterischen Text sieht, der sich somit allen anderen Interpretationen verschließe.

Angesichts dieses eklektischen Bravourstücks ist es schwierig, eine der sieben Lesarten, die der Kritiker vorschlägt, auszuwählen oder zu bevorzugen: der beste Beweis, daß *Der Seemann* ein vielschichtiger und mehrdeutiger Text ist, der die verschiedensten Lesarten

* Die deutsche Übersetzung wird voraussichtlich 1993 bei Ammann in Zürich erscheinen (Anm. d. Übers.).

ermöglicht. Genauso riskant wäre es, sich nun, ausgerüstet mit einer strengen unflexiblen These an die Auslegung des Dramas zu machen. Allenfalls könnte man versuchen, eine weitere Reflexion hinzuzufügen. Und in dieser Hinsicht erweist sich eine Leidenschaft als hilfreich, der Pessoa ein Leben lang frönte, unter seinem eigenen Namen oder indem er sich hinter dem ironischen Namen des Mister Crosse verschanzte: der Leidenschaft für Rätselspiele – Pessoa beteiligte sich jahrelang diskret (er benutzte zu diesem Zweck ein Postfach) an den Scharadenwettbewerben, die damals von der Londoner »Times« ausgeschrieben wurden.

Aber bevor wir unsere Reflexion anstellen, die vielleicht etwas frivoler ist als die anderen, müssen wir noch einmal darauf hinweisen, daß beinahe die gesamte Kritik, von 1952 bis heute, unablässig wiederholt hat, *Der Seemann* sei ein symbolistisches, unter dem Einfluß Maeterlincks entstandenes Drama, und auch ich hielt diese These in einem vor langer Zeit erschienenen Essay nicht für völlig ausgeschlossen.[2] Aber wahrscheinlich lieferte Pessoa selbst den Grund für dieses Mißverständnis mit einer Behauptung, die aus dem Jahr 1916 stammt, aber erst 1952 in der Zeitschrift »Tricórnio« veröffentlicht wurde. »Maeterlinck's best nebulosity and subtlety is coarse and carnal by comparison [mit dem *Seemann*]«.[3] Der Vergleich, den Pessoa aufgrund der Kriterien *unklar* und *subtil* anstellt, reicht ehrlich gesagt nicht aus, um eine literarische Verwandtschaft zu Maeterlinck zu bescheinigen. Allenfalls ließe sich feststellen, daß *Der Seemann* in bezug auf die Sprache ein symbolistisch angehauchter Text ist; was jedoch Resultat und Inhalt anbelangt, ist er etwas ganz anderes: ein typisch pessoanisches Werk, das im Kern bereits die Dichotomie Fiktion/Wahrheit enthält, das Problem der Heteronymie, den Geschmack am Esoterischen.

An dieser Stelle sollte man noch einmal darauf hinweisen, daß das Drama 1913 geschrieben und 1915 überarbeitet und (in der ersten Ausgabe des »Orpheu«) veröffentlicht wurde, mitten in der Auseinandersetzung mit dem Problem der Heteronyme, als Pessoa sich mit einer dem Symbolismus diametral entgegengesetzten Problematik beschäftigte. Das Drama entstand in einem Wurf (wie Pessoa selbst sagt), innerhalb weniger Stunden, in der Nacht vom 11. auf den 12. Oktober 1913. Aber kurz vor der Veröffentlichung nahm Pessoa beträchtliche, um nicht zu sagen wesentliche Änderungen vor; die Varianten sind so grundverschieden, daß man annehmen könnte, er habe in der Zwischenzeit (in den zwei Jahren, die inzwischen vergangen sind) das Problem der Poetik gemeistert, dessen Lösung er nun in der Hand hielt. Und da dies, wie aus seinen Tagebüchern hervorgeht, ebenjene Jahre waren, in denen er dem Geheimnis des, wie er es nannte, »Shakespeare problem« auf den Grund gehen wollte, um das Problem Wahrheit/Fiktion in den Bereich der Literatur zu übertragen, ist es durchaus wahrscheinlich, daß der Schlüssel zum Verständnis des *Matrosen* nicht im Symbolismus des belgischen Dichters zu suchen ist, sondern in der Poetik Shakespeares, die Pessoa mit Eifer und Akribie studiert und untersucht hat: Hamlets und Prosperos *Play within the Play*, aufgrund dessen es Shakespeare gelingt, die »Fiktion« des Lebens in die Fiktion des Theaters zu überführen. *Der Seemann* ist jedoch ein andersherum verkleidetes Drama, und um darin etwas Shakespearianisches zu finden, darf man es nicht entkleiden, sondern muß man es anziehen; es könnte ein Werk Shakespeares ohne Handlung, ohne Elend und ohne Menschlichkeit sein: es ist die Grammatik Shakespeares, die Pessoa, um seine Gedanken zu entfalten, seinen Gestalten in den Mund legt.

2. »We are such stuff / As dreams made on; and our little life / Is rounded with a sleep« (Wir sind solcher Zeug / Wie der zu Träumen, und dies kleine Leben / Umfaßt ein Schlaf): Mit diesem Aphorismus nimmt Prospero zu Beginn des vierten Aktes das Ende des *Sturms* voraus. Und hier beginnt *Der Seemann*. In einem kreisförmigen, schwach erleuchteten Zimmer halten drei Jungfrauen Totenwache an der Bahre einer vierten Jungfrau. Die Allegorie der drei Wachenden erschließt sich bereits bei den ersten Sätzen: Eingeschlossen in einem Zimmer von ungewöhnlicher Form, in einem Raum außerhalb der Zeit, auf der hypothetischen Suche nach dem, was sie »vielleicht nicht waren«, ohne Identität und Erinnerung, sind sie selbst ein Traum. Ihr Leben dauert nur eine Nacht, und sie erwarten ängstlich und freudig das Morgengrauen, das sie zum Verschwinden bringen wird. Um eine Nacht lang zu leben und sich für wirklich zu halten, sind sie jedoch gezwungen, zu reden und sich gegenseitig ihre Träume zu erzählen. Sie sind um so lebendiger, je mehr sie sich selbst betrügen, indem sie mit ihrer fiktiven Vergangenheit spielen und sich damit unterhalten, mit einer Vergangenheit, die sie »vielleicht nicht hatten«. Die einzige Möglichkeit, sich gegen die rätselhafte Geschichte zur Wehr zu setzen, die sie mitreißt und transzendiert, besteht im Reden. In dieser Atmosphäre beginnt die Geschichte des Seemanns, von dem eine der drei Wachenden träumt, der vor einer einsamen Insel Schiffbruch erlitten hat und von einer Vergangenheit und einer Heimat zu träumen beginnt, die er nicht gehabt hat, indem er sie zur Gänze und bis in die kleinsten Details erfindet.

Pessoa fügt Shakespeares Methode eine Variante hinzu: Die Wachende (ein Traum) träumt von einem Seemann, der von einer Heimat träumt; beziehungsweise *play within the play within the play*. Und vielleicht ist der letzte paradoxe Traum oder die letzte Fiktion, in diesem Fall die Heimat des Seemanns, der Schlüssel zum Verständnis von Pessoas Poetik. Nachdem Prospero im *Sturm* bewiesen hat, daß die Welt Theater ist und das Theater Welt, gibt er seinen Zauberstab eines Künstlers ab und kehrt in die Welt der Menschen zurück: »But this rough magic / I here abjure; and, when I have required / Some heavenly music / [...] / I'll break my staff / Bury it certain fathoms in the earth« (»doch dieses grause Zaubern / Schwör' ich hier ab; und hab' ich erst, wie jetzt / Ichs tue, himmlische Musik gefodert / [...] / so brech' ich meinen Stab, / Begrab' ihn manche Klafter in die Erde.«

Auch der Seemann tritt aus der Welt der Fiktion heraus, aber das Drama gibt keine Antwort auf die legitime Frage, die sich der Leser gemeinsam mit den wachenden Frauen stellt.

Erste Wachende Aber was geschah danach?

Zweite Wachende Danach? Wonach? Danach bedeutet etwas ...? Eines Tages kam ein Schiff ... eines Tages kam ein Schiff ... ja, ja, es kann nur so gewesen sein ... Eines Tages kam ein Schiff und fuhr an dieser Insel vorbei, aber der Seemann war nicht mehr da ...

Dritte Wachende Vielleicht war er in die Heimat zurückgekehrt. Aber in welche?

Erste Wachende Ja, in welche? Und was wird aus ihm geworden sein? Wird man das je erfahren?

3. Was ist das also für eine Heimat, über die uns Pessoa nicht mehr sagen will? Hat diese Frage am Ende des Dramas, die ein wenig nach Rätsel klingt, irgendeine Bedeutung? Da sich die Frage, die sich die drei Wachenden stellen, auch darauf bezieht, *wie* es dem Seemann gelungen ist, von der Insel zu fliehen, gehen wir auf die Scharade ein, die uns Pessoa anzubieten

scheint, und versuchen den Mechanismus zu verstehen, aufgrund dessen es dem Seemann gelingt zu fliehen. Die Situation des Seemanns erinnert an ein klassisches Rätsel, an das des Gefangenen in einer Zelle mit zwei Ausgängen: eine Tür führt in die Freiheit und die andere zum Schafott. An jeder Tür steht ein Wächter, von denen der eine immer die Wahrheit sagt und der andere immer lügt. Der Gefangene darf einem Wächter eine einzige Frage stellen und kann sich auf diese Weise retten. Um sich zu retten, muß er einen der Wächter fragen, welche Tür seinem Kollegen zufolge in die Freiheit (oder zum Schafott) führt, und sich für die Tür entscheiden, die ihm nicht genannt wurde. Um die Wahrheit zu finden, muß der Gefangene also auf umgekehrtem Weg den Vorgang zurückverfolgen, aufgrund dessen die Antwort zustande kommt. Der Seemann, dem es gelingt, den Weg zurück durch das Labyrinth zu finden, muß sich genauso verhalten. Er, der ein Traum in einem Traum ist, befreit sich, indem er den Traum umkehrt und ihn in die Gegenrichtung verfolgt, beziehungsweise indem er vom Träumer träumt. (»Warum könnte der Seemann nicht das einzig Wirkliche in alldem sein, und wir und alles andere nur ein Traum von ihm?« sagt am Ende eine der Wachenden; und eine andere fügt hinzu: »Vielleicht stirbt man, weil man nicht genug träumt.«) Träumend entweicht der Seemann also dem Traum wie der Öffnung eines Trichters, der Kreis schließt sich, und er verschwindet; und indem er verschwindet, bringt er mit dem Morgengrauen auch die zum Verschwinden, die ihn zum Träumen gebracht haben, indem sie von ihm träumten. Das Rätsel ist gelöst, die Erzählung zu Ende. Ob wir nun glauben, er sei Zeit und Raum entflohen, oder ob wir ihn schlafend wollen / tot zwischen den Felsen der Insel, der Seemann hat jedenfalls das Rätsel gelöst und die Dimension *seiner* Heimat erreicht: ob diese nun ein unbewußter Archetyp, eine »andere« Dimension oder das Nichts ist, was für Pessoa wahrscheinlich die am besten geeignete Heimat für die Träume ist, die wir sind.

Die *wahre* Lösung dieses geheimnisvollen dreistimmigen Spiels (sofern es sie überhaupt gibt) muß jedoch in der Gleichung zwischen »illusorischem Schein« und »verborgener Wahrheit« gesucht werden, worin das dem Drama zugrunde liegende Problem besteht. In diesem Sinn glaube ich behaupten zu können, daß *Der Seemann* trotz seiner symbolistischen Anklänge, die offenbar von Maeterlinck herrühren, das erste Anzeichen von Pessoas Hang zur Esoterik ist, die ihn später zur Theosophie führen wird und die die Grundlage der großen hermetischen Gedichte und des kleinen Gedichts *Botschaft* ist.

Interview mit Andrea Zanzotto

1

A. T.: Wenn wir innerhalb der Poetik der Schizophrenie beziehungsweise, um es mit Manganelli auszudrükken, der »Literatur als Lüge« des zwanzigsten Jahrhunderts eine Art Bestandsaufnahme machten, würden wir feststellen, daß die vordersten Plätze von einer gar nicht so kleinen Anzahl »Fremdsprachiger« besetzt sind, von Autoren, die sozusagen ihre sprachliche Heimat verloren haben: Conrad zum Beispiel, Kafka, Svevo (der sich am Beginn von *Zeno Cosini* in Gestalt des Zeno als Lügner erklärt, weil er als Triestiner auf Italienisch schreibt) und schließlich Fernando Pessoa. Pessoa schrieb abwechselnd Portugiesisch und Englisch, womit er vielleicht versuchte, seine Schizophrenie so weit wie möglich abzuschwächen: indem er sie akzeptierte, indem er den Status des englischen und den des portugiesischen Dichters ganz genau festlegte und einschränkte. Auch von dir, Zanzotto, kann man in gewisser Weise sagen, du seiest ein Fremdsprachiger, du hast deine sprachliche Entfremdung jedoch zum Teil entschärft, indem du deine Muttersprache (den Dialekt von Pieve di Soligo) in das Textgefüge deiner hochsprachlichen Gedichte eingebracht hast, um jedoch mit den zuletzt unter dem Titel *Filò* erschienenen Gedichten zur Muttersprache zurückzukehren. Glaubst du, daß die Fiktion (oder die sprachliche Entfremdung) eine poetische Fiktion beziehungsweise eine Lüge zur Folge hat? Und wenn, fühlst du dich der Familie derer zugehörig, die sich wie Pessoa ihrer Lüge bewußt sind, die ihre »Schizophrenie« also selbst analysiert haben?

A.Z.: Der Fall Pessoa ist derart komplex, daß er die unglaublichsten Stichworte liefert, um über die Bedeutung der Literatur, der Dichtung und der »Sprache« an sich ganz allgemein nachzudenken. Jeder, der schreibt, täte gut daran, seine Position mit dem Universum Pessoas zu vergleichen: er würde immer etwas lernen.

Was mich anbelangt, so muß ich sagen, daß ich mich hinsichtlich des Italienischen nie als »Fremdsprachiger« empfunden habe, denn meine Situation ist für den Großteil der Italiener (ob Literaten oder nicht), die vor einigen Jahrzehnten aufgewachsen sind, ganz normal beziehungsweise die wahrscheinlichste. Dabei handelt es sich eher um eine Situation der Diglossie als der Zweisprachigkeit; wir sprachen je nach Anlaß Italienisch oder Dialekt und schrieben hauptsächlich auf Italienisch. Jedenfalls handelte es sich um einen horizontalen, nicht um einen vertikalen Riß, der es erlaubte, eine aktive Beziehung zur Gesellschaft aufrechtzuerhalten, wenn auch auf verschiedenen Ebenen der Integration. Auch in diesem Fall existiert eine Spaltung, man kann aber nicht sagen, das Ergebnis sei das einer wahrhaftigen Schizoidie. Vielmehr erfährt man in einer derartigen Situation die Realität des »Gesellschaftsvertrags« zwischen Bewußtem und Unbewußtem, der der Sprache zugrunde liegt, und gleichzeitig fällt es einem leichter, die Labilität eines solchen Vertrages zu erkennen.

Heute hält man es im allgemeinen für etwas Positives, mit verschiedenen »Sprechweisen« (wenn schon nicht wirklichen Sprachen) aufzuwachsen, denn auf diese Weise entsteht vor allem eine korrektere Beziehung zu allem Sprachlichen, insofern als man schon früh, wenn das Ich sich zu strukturieren beginnt, einerseits die »Willkürlichkeit« und andererseits die Notwendigkeit-Absolutheit der Sprache erfährt. Man erfährt die Gleichzeitigkeit zweier Pole der Sprache, die in einer dialektischen Beziehung zueinander stehen – oder auch nicht –, man vollführt ein ständiges Hin und Her zwischen den beiden, eine Art »Pendelbewegung« (auch in mehrere Richtungen), die eine ständige Zurkenntnisnahme und gleichzeitig eine Ablehnung der Gleichzeitigkeit der Oppositionen ist. Auf diese Weise stimmt die Sprache besser mit dem Leben überein, das ja aus der nicht widersprüchlichen Gleichzeitigkeit aller Widersprüche und umgekehrt besteht.

Jemandem, der schreibt, »literarisch« und mehr, erschließen sich aufgrund dieser Tatsachen eine Reihe von Bedeutungen im Inneren des Aktes der *fictio*.

Es existiert jedenfalls ein großer Unterschied zwischen einem, der sich so gut wie unbewußt zwischen verschiedenen Sprachen bewegt, die relativ ähnlich sind und miteinander in Verbindung stehen (Dialekt, Hochsprache, und in unserem Fall würde ich auch die romanischen Sprachen hinzufügen, samt Latein, das auf den verschiedensten Wegen zu uns gelangt ist), und einem, der sich im Gegensatz dazu zwischen höchst unterschiedlichen Sprachen »aufspaltet«, ihnen eine ganz bestimmte Funktion innerhalb seiner persönlichen Geschichte zuweist, sie mythisiert und entstellt, um sie einem großen kreativen Entwurf anzupassen, der zunächst im narzißtischen Kern des Ich gerade die allgemein verständlichen Elemente jeder verwendeten Sprache umkehrt, auch wenn diese als solche wahrgenommen werden. Vielleicht ist Conrads Englisch genauso privat wie das von Pessoa, obwohl es den Anschein hat, als wären sie total verschieden, und obwohl diese Sprache für Pessoa deutlich »privatistischen« Charakter hatte (mit Ausnahme vielleicht der Jugendgedichte). Aber war das Portugiesische, könnte man sich fragen, für ihn weniger privatistisch? Er schrieb mehr für die Schublade und für die Zukunft als für eine unmittelbare Konfrontation mit dem Publikum (und sei es auch nur das Publikum der Literaten). Jeder große Dichter, von Svevo bis Kafka, von Rilke bis Beckett, hat jedenfalls seine ganz bestimmten und unvergleichlichen Beweggründe, die sich manchmal sogar widersprechen. Im übrigen hat es den Anschein, daß eine »ausgeprägte« Mehrsprachigkeit und eine tatsächliche Schizoidie in den meisten Fällen Hand in Hand mit dem problematischen Verhältnis zwischen Ich und Mutter (Muttersprache) gehen. Man denke in diesem Zusammenhang an den außergewöhnlichen Bericht von Wolfson und an seine Selbstanalyse, zu der Deleuze das Vorwort verfaßt hat.

Wenn man jedoch von einer Situation wie der meinen spricht – und ich möchte noch einmal darauf hinweisen, wie »mittelmäßig« sie in jeder Hinsicht ist, auch was die Distanz zu den eben genannten Großen anbelangt ... –, so sind die psychischen Situationen, die unter Umständen auf der Ebene der Beziehung zur Sprache in Erscheinung treten, ganz anderer Art. Man kann sich zum Beispiel veranlaßt fühlen, eine Sprache zu suchen, die niemals niedergeschrieben *werden kann und darf* (vom »reinen« Dialekt zum kindlichen »petèl« bis zu den Geräuschen des Körpers), insofern als sie sich auf eine eventuelle »ewige Oralität« bezieht, die auch im unmittelbaren körperlichen Kontakt zur »Mutter« besteht und somit selbst die »Protoschriften« – vom Streicheln bis zum Kratzen –, die sich dem Körper »einschneiden« oder die jedenfalls »schneiden«, implizit verneint. Die Mutter entzieht sich jedoch diesem Kontakt, wenn auch nicht völlig, und stellt sich immer »ein wenig« jenseits. Auf diese Weise kann es zum Alptraum eines Sprachvakuums kommen, und gleichzeitig können auch geheimnisvolle, durch und durch somatische »Sprachen« entstehen, die jenen der Hysterie ziemlich ähnlich sind. Das Subjekt, das in seinem – übrigens immer wieder frustrierten – Bestreben nach Authentizität dazu neigt, jegliche *fictio* (und mit größerem Recht jede Lüge) zu verdammen, scheint das Gefühl der eigenen Einheit maßlos zu übertreiben, erklärt sich lauthals zum einzigen »Ich«, verdeckt die Brüche oder läßt sie nur äußerst widerwillig und unter Qualen durchscheinen, auch wenn diese drohen, in den Vordergrund zu rücken. Das Ergebnis ist eine »zusammengepreßte« Einheit des Ich, wobei die Sprache die Flucht nach vorne antritt, entlang flüssiger, gleichartiger Systeme, bis sie das Schweigen berührt und gleichzeitig eine monologisierende Körperlichkeit. In anderen Fällen hingegen, vor allem, wenn die verwendeten Sprachen sehr unterschiedlich sind, kann es passieren, daß jede Sprache in einer bestimmten Funktion erstarrt, während hingegen das Ich nachgibt, sich entwickelt und »vervielfacht«. Ein starker Wille zum Bewußtsein begünstigt im übrigen die Aufmerksamkeit auf den Aspekt der *fictio* – Lüge der Literatur. Es gibt jedoch zahllose Nuancen zwischen diesen beiden Haltungen.

Pessoa ist und bleibt ein Unikum, weil bei ihm die Heteronymie, die er als literarische Haltung empfindet, nicht zu trennen ist von der eventuellen Tragödie einer realen psychischen Spaltung, die die Grundlage dafür ist – in einer Zone der Ungewißheit, wo die Spaltung der Person Pessoa (und man denke in diesem Zusammenhang auch an die Bedeutung dieses Eigennamens in etymologischer Hinsicht) weitere Ichs in Gestalt von Minotauren hervorbringt, die sich zwischen den Halluzinationen der Schizophrenie und dem kühnsten literarischen Spiel bewegen. Der berühmte Brief beweist dies auf offenkundige Weise. Wie dem auch sei, die Trennlinie zwischen Psychischem und Literarischem entspricht bei Pessoa nicht eindeutig der Trennlinie zwischen dem Englischen und dem Portugiesischen, dem Problem der Sprache als solchem.

2.

A. T.: Um noch einmal zum Problem der Verdoppelung zurückzukehren: In deinem aufschlußreichen Vorwort zur italienischen Übersetzung von Conrads *Secret Sharer* hast du abschließend festgestellt: »Der Kapitän und sein Doppelgänger, die einander nie völlig entsprechen und auch nie völlig voneinander zu trennen sind, obwohl sie sich allem Anschein nach verabschieden und in gleicher Weise der Drift ausgeliefert sind, bezeichnen etwas, das, menschlich oder nicht, ein Konnotat der Welt ist.« Du deutest hier einen ergiebigen Diskurs an, der sich unter Umständen auf bestimmte Positionen Lacans und der strukturalistischen Philosophen zurückführen läßt. Könntest du diesen Diskurs kurz anhand des »Patienten« Pessoa ausführen? Was bedeutet die *Vervierfachung* des portugiesischen Dichters?

A. Z.: In diesem Satz meines Vorworts zur Erzählung Conrads habe ich mich auf die Linien der Diskontinuität (sofern dieser Ausdruck einen Sinn ergibt) bezogen, die nicht nur die Psyche durchqueren, sondern auch die »Welt« im weitesten Sinn und im besonderen die Sprache als »Bereich der Explikation«, aber auch der Invention. Pessoa litt furchtbar unter den Brüchen, den *barres* [Balken], die die Realität auf den verschiedensten Ebenen und in den verschiedensten Ordnungen begrenzen; er wollte sich in ihnen verlieren, er wollte mehrere Ichs und mehrere Namen, die, auch wenn sie den »Differenzen« nicht entsprechen können, so doch deutlich auf ihr Vorhandensein hinweisen. Man weiß, daß Pessoas Vervierfachung provisorischer war, als es den Anschein hat; er selbst gibt zu verstehen, daß er sich als »Legion« fühlt, wie der Dämon aus dem Evangelium. Das Rätsel Pessoa konfrontiert uns mit völlig unwirklichen Personen, die seit frühester Kindheit in seinem Unbewußten sprießen (oder keimen), wir sehen aber auch, wie gleichzeitig mehrere parallele Personen, die vergleichsweise weniger bedeutend sind als die anderen, etablierteren Heteronyme, ständig auftauchen und die ersten Heteronyme überlagern. Es handelt sich um eine Schar möglicher Personen, die dazu neigt, das Leben / die Wirklichkeit zu imitieren, die als Puzzle verstanden werden, bei dem jeder Teil einen Namen haben kann, ohne daß sich der Name des »Ganzen« formen könnte, es sei denn als unruhig flackerndes und flüchtiges Orthonym, das eine tragende Funktion hat, auch wenn es keine Vorrangstellung genießt. Das »Ganze« ist identisch mit jedem seiner Teile. Eine Realität, die sich nicht auf eine Ordnung, eine Identität, auf einen »Namen des Vaters« reduzieren läßt, ist genau jene, die sich dämonischerweise als »Legion« bezeichnen ließe, und Pessoa macht sich also zur Legion von Namen. Man denke an seine geheimnisvolle Angst, aber auch an seine subtile Perfidie, diese Namen nicht als Pseudonyme bezeichnen zu wollen und zu können. Denn es sieht tatsächlich so aus, als ob sich alles rund um den Namen, die Namen abspielen würde. Bei Pessoa geht ein gespaltenes Ich, das an ein Pseudonym nicht einmal denken kann, Hand in Hand mit einem über-logischen *fingidor*. Wenn man andererseits an die unzähligen Autoren denkt, die ein Pseudonym annahmen (unter anderem auch an den Fall des Pseudonyms, das ganz gezielt mit dem Gebrauch einer fremden Sprache einhergeht, etwa bei der *Ipercalisse* von Foscolo-Didimo,* oder, im entgegensetzten Fall, an eine ganze Gesellschaft von Pseudonymen, wie es

* *Ípercalisse:* lateinisch geschriebenes, im Titel auf die Apokalypse anspielendes und unter Pseudonym veröffentlichtes Werk von Ugo Foscolo (Anm. d. Übers.).

Arcadia war), wieviel falsches Bewußtsein gehörte dann dazu, um diesen Begriff zu akzeptieren? Und was soll man von den Romanschriftstellern sagen, den »Erfindern von Gestalten«, die uns in der ersten oder der dritten Person entgegentreten?

Pessoa gibt uns mehr als jeder andere zu verstehen, daß sich alles rund um den Namen abspielt, um das Paradox der Benennung, und daß die Wirklichkeit, ob psychisch oder nicht, für uns zertrümmert wird von Namen, die dazu tendieren, nie »Gattungs«-Namen zu sein, sondern immer und endgültig »Eigen«-Namen, eingeschlossen in »ihrem« Sein, wie jedes Ding, das in ursprünglichen Gesellschaften zu einem Gott wird, indem es sich einen Eigennamen gibt (oder mehrere, die nicht alle bekannt oder sagbar sind). In diesem Augenblick macht sich die entscheidende Funktion des Gesellschaftsvertrages bemerkbar, in dem das Ich und die Welt sich »eventuell« wiederfinden können, jenseits der *barres*, in der Bewegung Name-Verb.

3.

A. T.: Pessoa gehört bestimmt zu den beunruhigendsten Phänomenen der Dichtung des Zwanzigsten Jahrhunderts. Ist sein Fall deiner Meinung nach ein Grenzfall? Ist er unser Zeitgenosse oder bereits ein Nachkomme?

A. Z.: Nun, ohne vor dem Chaos der Heteronyme und der Eigennamen zurückzuschrecken, die für sich beanspruchen, wahr zu sein, auch wenn sie sich gegenseitig als teilweise falsch (beziehungsweise nicht ausreichend) begrenzen und ergänzen, muß man die Bedeutung von Pessoas »implosiver Einheit«, die Grundlage oder zumindest den Ort des tatsächlichen Orthonyms, selbst wenn wir es als »schwarzes Loch« verstehen, woanders suchen. Auch wenn Pessoa zweifellos an die jüngste und mehr denn je lebendige Vergangenheit anschließt, auch wenn die von ihm aufgeworfenen Fragen gewiß die Zukunft betreffen (in die er von seiner kostbaren Truhe aus, dank seiner »Koketterie«, fast ausschließlich postum sein zu wollen, immer wieder aufs neue gelangt), so können und müssen wir dem augenblicklich präsenten Pessoa, dem großen Dichter, der immer auch hinter jeglicher Bewegung von Zerrspiegeln aufzufinden ist, dies- und jenseits der »Mauer des Namens« begegnen, beziehungsweise in der »Körperlichkeit« und Stofflichkeit der Poesie, die er uns anbietet.

Eine subtile Analyse der phonetisch-rhythmischen, syntaktischen, semischen Strukturen und ihres Zusammenspiels, ihrer Übereinstimmung, ihrer Opposition und Kontextualität wird uns Aufschluß geben über das »Innerste« von Campos, Reis, Caeiro etc., und zwar auf eine Weise, die uns versichert, daß sie mehr sind als *nomina* und, alles in allem, *flatus vocis,* trotz ihrer unverwechselbaren Profile und ihrer so unterschiedlichen »Programme«. Kurz und gut, eine Textanalyse vor allem der Gedichte würde es unter Umständen ermöglichen, eine Überwindung der *barres* in Hinsicht auf die Namen festzustellen und etwas Homogenes wiederzufinden – das unverwechselbare Meeresrauschen und -flüstern, das man aus allen großen Dichtungen Pessoas heraushört. Vielleicht würde man wieder einmal entdecken, daß Saussures »Wörter unter den Wörtern«, die sich unter der Oberfläche des Textes winden, Brücken zwischen den Heteronymen schlagen und daß es trotz der faszinierenden Verschiedenheit der Haltungen und der Situationen, die von den »Namen über den Namen« erzeugt wird, eine hartnäckige Tendenz zum Zusammenhalt gibt, nicht zuletzt aufgrund von Anagrammen, der »Namen unter den Namen«: zum Beweis, daß es zumindest einen einheitlichen Bereich der Implosion gibt. Im übrigen scheinen die Heteronyme selbst auf etwas Derartiges hinzuweisen: Campos und Caeiro haben die Anfangsbuchstaben gemein; der Name Reis scheint zerlegt und als Anagramm in die Schlußsilben der beiden Namen eingegangen zu sein (pos und eiro ...). Und wenn es nicht so wäre, wäre zumindest ein neues Kapitel der Forschung mehr oder weniger ad acta gelegt.

Das Verhältnis zwischen Wirklichkeit, psychischer Wirklichkeit und Benennung hat vielleicht nur bei Kafka das »körperliche Bewußtsein« erreicht, wie wir es bei Pessoa finden. In der Diskontinuität zu sein und dennoch Brücken darüber zu schlagen, sich kopfüber in dieses totale Risiko zu »stürzen« und die Partie dennoch zu gewinnen, das war immer der *désir,* der Beweggrund der Poesie – oder am anderen Ende der Skala (austauschbare Licht- und Schattenpunkte in einem Spiegel oder auf einer Computer-»Zeichnung«) der Beweggrund der Mathematik. Und an dieser Stelle möchte ich an die jüngsten, umstrittenen Hypothesen von R. Thom erinnern.

Pessoa zwingt uns außerdem dazu, das Problem der Beziehung Name / Verb auch in Hinsicht auf eine neue Art und Weise, das gesellschaftliche Sein zu »empfinden«, zu sehen; eine Art und Weise, die zum Großteil erst erfunden werden muß. Dieses Ich, das Kopien von sich herstellt (wie das »du«, das wir im ersten Gedicht von Montales *Satura* vorfinden) und das letzten Endes nicht mehr weiß, ob es das »Original« oder eine Kopie ist, verkündet einerseits das Scheitern eines Diskurses, in dem ein absoluter Subjektivismus nur die eigene Unwirklichkeit deutlich machen kann, macht gleichzeitig aber alle Mystifikationen zunichte (und die sadomasochistischen Triebe, die ihnen zugrunde liegen), alle wirklichen narzißtischen Leidenschaften, die bislang mit dem gesellschaftlichen Diskurs »verflochten« waren, und pervertiert ihn. Pessoa und die anderen großen, ihm verwandten Autoren haben Tabula rasa gemacht; hier müssen wir von vorne beginnen.

Anhang

Anhang

Die folgenden Texte Pessoas, die im vorliegenden Buch ausführlicher erwähnt wurden, sind dem Band Fernando Pessoa, *Dokumente zur Person und ausgewählte Briefe*, übersetzt und mit einem Nachwort versehen von Georg Rudolf Lind, Ammann, Zürich 1988, entnommen. Wir danken an dieser Stelle dem Ammann Verlag für die freundliche Genehmigung zum Abdruck.

Brief an Adolfo Casais Monteiro
über die Entstehung der Heteronyme

Postfach 147
Lissabon, den 13. Januar 1935

Mein geschätzter Kamerad:

Ich danke Ihnen sehr für Ihren Brief, den ich sogleich und vollständig beantworten werde. Bevor ich jedoch beginne, möchte ich Sie um Entschuldigung bitten, daß ich Ihnen auf diesem Durchschlagpapier schreibe. Das dezente Papier ist mir ausgegangen, es ist Sonntag, und ich kann mir kein anderes beschaffen. Besser, glaube ich, ist schlechtes Papier als ein Aufschub.

Zu allererst möchte ich Ihnen sagen, daß ich niemals »andere Gründe« bei irgend etwas, was Sie schreiben könnten, vermuten würde, sofern Sie anderer Meinung sind als ich. Ich gehöre zu den wenigen portugiesischen Dichtern, die nicht ihre eigene Unfehlbarkeit verkündet haben und auch nicht jede an ihnen geübte Kritik für einen Akt der Majestätsbeleidigung halten. Außerdem ist bei mir, welche geistigen Fehler ich auch sonst haben mag, die Tendenz zum Verfolgungswahn gleich null. Davon abgesehen, kenne ich bereits hinreichend Ihre geistige Unabhängigkeit, die ich, falls ich mir die Bemerkung erlauben darf, billige und lobe. Ich habe mir nie vorgenommen, Meister oder Chef zu werden – Meister nicht, weil ich nicht zu lehren verstehe und auch nicht weiß, was ich lehren sollte; Chef nicht, weil ich nicht einmal Eier in die Pfanne schlagen kann. Machen Sie sich also niemals Sorgen um das, was Sie über mich sagen möchten. Ich suche keine Kellerwohnungen in den Beletagen.

Ich bin völlig mit Ihnen einverstanden, daß es keine glückliche Idee von mir gewesen ist, mit einem Buch wie der »Botschaft«

(Mensagem) die literarische Bühne zu betreten. Ich bin in der Tat ein mystischer Nationalist, ein rationaler Sebastianist. Aber ich bin, davon abgesehen, und sogar in Widerspruch dazu, noch viele andere Dinge. Und diese Dinge sind in der »Botschaft« wegen der Art dieses Buches nicht auffindbar.

Ich habe meine Publikationen mit diesem Buch aus dem einfachen Grunde begonnen, weil es das erste Buch war, das ich, ich weiß nicht warum, in eine Ordnung bringen und fertigstellen konnte. Da es fertig war, forderte man mich auf, es zu publizieren: dem habe ich entsprochen. Ich habe es wohlgemerkt nicht im Hinblick auf den möglichen Preis des Sekretariats (SNI) getan, obwohl das keine schwerwiegende geistige Sünde gewesen wäre. Mein Buch war im September fertig, und ich dachte sogar schon, ich würde mich nicht um den Preis bewerben können, denn ich wußte nicht, daß die Frist zur Einreichung der Bücher, die zunächst auf Ende Juli festgesetzt war, bis Ende Oktober verlängert worden war. Da jedoch Ende Oktober schon fertige Exemplare der »Botschaft« vorlagen, reichte ich die vom Sekretariat verlangten ein. Das Buch erfüllte genau die für den Wettbewerb gesetzten Bedingungen (Nationalismus). So bewarb ich mich.

Wenn ich zuweilen an die Reihenfolge einer künftigen Publikation meiner Werke dachte, stand niemals ein Buch von der Art der »Botschaft« an erster Stelle. Ich schwankte, ob ich mit einem großen Versband beginnen sollte – einem Buch von ungefähr 350 Seiten –, das die diversen Unterpersönlichkeiten von Fernando Pessoa in eigener Person einschlösse, oder ob ich mit einem Detektivroman beginnen sollte, den ich noch nicht zu vervollständigen vermochte.

Ich bin, wie gesagt, mit Ihnen einverstanden, daß mein Debüt mit der »Botschaft« nicht glücklich gewesen ist. Aber ich finde mich mit den Fakten ab, daß es das beste Debüt war, das ich erreichen konnte. Eben weil diese – in mancher Hinsicht zweitrangige – Facette meiner Persönlichkeit bei meiner Mitarbeit an Zeitschriften (ausgenommen »Portugiesisches Meer«, ein Teil dieses Buches) nicht hinreichend deutlich geworden war – und weil es eben darum an der Zeit war, daß sie sichtbar wurde und daß sie jetzt sichtbar wurde. Ohne daß ich es geplant oder vorausbedacht hätte (ich bin zu einer praktischen Vorausüberlegung unfähig), fiel es mit einem der kritischen (im Wortsinn kritischen) Augenblicke der Umformung des nationalen Unterbewußtseins zusammen. Was ich zufällig geschaffen und dank einem Gespräch abgeschlossen hatte, war bereits vom Großen Architekten mit Zirkel und Winkeleisen vorbereitet worden.

(Ich unterbreche hier.) Ich bin weder verrückt noch betrunken. Ich schreibe jedoch direkt in die Maschine und so rasch sie es mir erlaubt und bediene mich dabei der Ausdrücke, die mir gerade einfallen, ohne darauf zu achten, ob aus ihnen Literatur wird. Nehmen Sie an – und Sie gehen ganz recht in der Annahme, weil es die Wahrheit ist –, ich redete ganz einfach mit Ihnen.

Ich antworte nun direkt auf Ihre drei Fragen: 1) künftiger Plan für die Publikation meiner Werke, 2) Entstehung meiner Heteronyme und 3) Okkultismus.

Nachdem die Publikation der »Botschaft«, eine einseitige Manifestation, unter den geschilderten Bedingungen erfolgt ist, beabsichtige ich, auf folgende Weise fortzufahren. Ich stelle jetzt eine gänzlich umgemodelte Fassung des »Bankiers als Anarchist« (O Banqueiro Anarquista) her; diese dürfte in Kürze fertig sein, und ich möchte sie, sobald sie fertig ist, sofort veröffentlichen. Wenn ich das tun sollte, will ich diese Schrift sogleich ins Englische übersetzen und will sehen, ob ich sie in England publizieren kann. So wie sie ist, soll sie bleiben; sie könnte in ganz Europa wirken. (Fassen Sie diesen Satz nicht so auf, als ob der Nobelpreis unmittelbar ins Haus stünde.) Danach – und jetzt gehe ich direkt auf Ihre Frage ein, die sich auf die Dichtung bezieht – beabsichtige ich, während des Sommers den besagten großen Band mit den kleinen Gedichten Fernando Pessoas selbst zusammenzustellen, und will zusehen, ob ich ihn Ende laufenden Jahres publizieren kann. Dies wird der Band sein, auf den Sie warten und dessen Erscheinen ich selber wünsche. Dieser wird dann alle Facetten enthalten, ausgenommen die nationalistische, die in der »Botschaft« schon deutlich geworden ist.

Wie Sie sehen, habe ich nur auf Fernando Pessoa selber Bezug genommen. Zu Caeiro, Ricardo Reis oder Álvaro de Campos habe ich keine Vorstellungen. Nichts davon kann ich publizieren, ausgenommen falls mir (siehe weiter oben) der Nobelpreis verliehen werden sollte. Und gleichwohl – das denke ich mit Betrübnis – habe ich in Caeiro meine ganze Kraft zur dramatischen Entpersönlichung hineingelegt, in Ricardo Reis meine ganze geistige Disziplin, eingehüllt in die Musik, die ihr eigen ist, und in Álvaro de Campos die gesamte Gefühlsbewegung, die ich weder mir noch dem Leben zukommen lasse. Daran zu denken, mein lieber Casais Monteiro, daß sie alle in der Praxis der Publikation von dem unreinen und simplen Fernando Pessoa übergangen werden sollen!

Ich glaube, ich habe nun Ihre erste Frage beantwortet.

Sollte ich etwas ausgelassen haben, so sagen Sie mir, was es ist. Falls ich darauf antworten kann, werde ich antworten. Weitere Pläne habe ich einstweilen nicht. Und da ich weiß, welche Pläne das sind und worauf sie hinauslaufen, ist es an der Zeit: *Gott sei Dank!* zu sagen.

Ich will nun Ihre Frage nach der Entstehung meiner Heteronyme beantworten. Ich will sehen, ob es mir gelingt, Ihnen erschöpfend zu antworten.

Ich beginne mit dem psychiatrischen Teil. Ursprung meiner Heteronyme ist meine tief verwurzelte hysterische Veranlagung. Ich kann nicht sagen, ob ich einfach hysterisch oder eher ein Hystero-Neurastheniker bin. Ich neige zur zweiten Hypothese, weil ich in mir Phänomene einer Abulie finde, die nicht im Symptomregister der eigentlichen Hysterie verzeichnet sind. Wie dem auch sei, der geistige Ursprung meiner Heteronyme beruht auf meiner angeborenen, beständigen Neigung zur Entpersönlichung und Verstellung. Diese Phänomene haben sich – zu meinem und meiner Mitmenschen Glück – in mir vergeistigt; das heißt, in meinem praktischen äußeren Leben und im Umgang mit anderen treten sie nicht in Erscheinung; sie explodieren nach innen, und ich trage sie mit mir allein aus. Wäre ich eine Frau – bei Frauen treten die Phänomene der Hysterie als Anfälle und Ähnliches auf –, so würde jedes Gedicht von Alvaro de Campos die Nachbarschaft alarmieren. Ich bin aber ein Mann – und bei Männern zeigt die Hysterie in der Hauptsache geistige Aspekte; so mündet alles in Schweigen und Dichtung ...

Dies erklärt, *tant bien que mal,* den geistigen Ursprung meiner Heteronyme. Ich will Ihnen nun die unmittelbare Geschichte meiner Heteronyme mitteilen. Ich beginne mit den bereits verstorbenen, an die ich mich teilweise gar nicht mehr erinnere, die begraben liegen in der fernen Vergangenheit meiner fast vergessenen Kindheit.

Schon als Kind neigte ich dazu, um mich her eine erfundene Welt zu erschaffen und mich mit Freunden und Bekannten zu umgeben, die nie existiert hatten. (Wohl verstanden, ich kann nicht sagen, ob sie nicht existierten oder ob ich es bin, der nicht existiert. In diesen wie in allen übrigen Dingen darf man nicht dogmatisch sein.) Seit ich mich als den Jemand kenne, den ich Ihnen nenne, entsinne ich mich, unwirkliche Gestalten im Geist in Aussehen, Bewegungen, Charakter und Geschichte so präzise ausgebildet zu haben, daß sie für mich so sichtbar und mein waren wie die Dinge des mißbräuchlicherweise sogenannten wirklichen Lebens. Diese Neigung, die mich überkommt, seit ich mich entsinne, ein Ich zu sein, hat mich immer begleitet; die Musik, mit der sie mich bezaubert, hat sich zwar ein wenig verändert, aber die Art der Bezauberung hat sich nie gewandelt.

So entsinne ich mich an denjenigen, der offenbar mein erstes Heteronym gewesen ist oder besser mein erster inexistenter Bekannter – an einen gewissen Chevalier de Pas aus meinem 6. Lebensjahr, in dessen Namen ich mir selber Briefe schrieb und dessen gar nicht völlig verschwommene Gestalt noch immer jenen Teil meiner Zuneigung erobert, welcher der Sehnsucht benachbart ist. Mit geringerer Deutlichkeit entsinne ich mich einer anderen Gestalt, deren Name mir nicht mehr einfällt, aber ebenso ausländisch war; sie war, warum weiß ich nicht mehr, ein Nebenbuhler des Chevalier de Pas ... Einfälle, die alle Kinder haben? Zweifellos – oder vielleicht. Ich habe sie in einem solchen Grade erlebt, daß ich sie noch erlebe, denn ich erinnere mich ihrer mit solcher Stärke, daß ich mich anstrengen muß, mich davon zu überzeugen, daß sie keine Wirklichkeit gewesen sind.

Diese Neigung, um mich her eine andere, der unsrigen gleiche Welt aufzubauen, jedoch mit anderen Leuten, hat meine Einbildungskraft nicht mehr verlassen. Sie durchlief verschiedene Phasen, darunter eine, die schon in die Zeit meiner Großjährigkeit fällt. Es fiel mir eine geistreiche Äußerung ein, die aus irgendeinem Grunde dem, der ich bin oder vermutungsweise bin, völlig fremd war. Ich brachte sie sogleich spontan unter dem Namen eines Freundes vor, dessen Namen ich erfand, dessen Geschichte ich hinzufügte und dessen Aussehen – Gesicht, Wuchs, Kleidung und Gebärden – ich unmittelbar vor Augen hatte. So verschaffte ich mir verschiedene Freunde und Bekannte und machte sie bekannt; sie hatten zwar nie existiert, aber noch heute, nahezu dreißig Jahre später, höre, fühle und sehe ich sie. Ich wiederhole: Ich höre, fühle und sehe sie. Und empfinde Sehnsucht nach ihnen.

(Wenn ich zu sprechen anfange – und mit der Maschine schreiben heißt für mich sprechen –, kann ich mich nur mit Mühe bremsen. Ich habe Sie jetzt lange genug gelangweilt, Casais Monteiro! Ich will nun auf die Entstehung meiner Heteronyme zu sprechen kommen, denn das ist es ja schließlich, was Sie von mir wissen wollen. Auf alle Fälle liefert Ihnen das oben Gesagte die Geschichte der Mutter, die sie geboren hat.)

Gegen 1912, wenn ich nicht irre (groß kann der Irrtum auf keinen Fall sein), kam ich auf den Gedanken, einige Gedichte heidnischer Gesinnung zu schreiben. Ich skizzierte einiges in freien Versen (nicht im Stil von Álvaro de Campos, sondern in einem Stil halber Regelmäßigkeit) und gab dann die Sache auf. Dennoch war mir in einem schlecht gewobenen Halbschatten ein ungefähres Bild der Person erschienen, die diese Verse schrieb. (Ohne mein Wissen war Ricardo Reis geboren worden.)

Anderthalb oder zwei Jahre später verfiel ich eines Tages auf den Gedanken, dem Sá-Carneiro einen Streich zu spielen – einen bukolischen Dichter komplizierter Natur zu erfinden und ihm, wie weiß ich nicht mehr, mit einem Anstrich von Wirklichkeit vorzustellen. Ich verbrachte einige Tage damit, diesen Dichter auszuarbeiten, aber es wurde nichts daraus. An dem Tage, an dem ich es endlich aufgegeben hatte – es war der 8. März 1914 –, stellte ich mich an eine hohe Kommode, nahm ein Stück Papier und begann zu schreiben, stehend, wie ich immer wenn irgend möglich schreibe. Ich schrieb über dreißig Gedichte in einem Zuge in einer Art von Ekstase, deren Besonderheit ich nie werde definieren können. Es war der triumphale Tag meines Lebens; einen zweiten dieser Art werde ich nicht erleben. Ich begann mit einem Titel: »Der Hüter der Herden«. Und dann erschien jemand in mir, dem ich sogleich den Namen Alberto Caeiro gab. Entschuldigen Sie das Absurde des Satzes: in mir war mein Meister erschienen. Dies war meine unmittelbare Empfindung. Und sie war derart mächtig, daß ich, kaum waren die über dreißig Gedichte geschrieben, sofort zu einem anderen Bogen griff und gleichfalls in einem Zuge die sechs Gedichte niederschrieb, die den »Schrägen Regen« (Chuva obliqua) Fernando Pessoas bilden. Es war die Rückkehr von Fernando Pessoa Alberto Caeiro zu Fernando Pessoa allein. Oder besser: es war die Reaktion Fernando Pessoas auf seine Nicht-Existenz als Alberto Caeiro.

Als Alberto Caeiro erschienen war, versuchte ich alsbald – instinktiv und unbewußt – Schüler für ihn zu entdecken. Ich entriß den latenten Ricardo Reis seinem falschen Heidentum, entdeckte seinen Namen und paßte ihn sich selbst an – denn in diesem Augenblick *sah* ich ihn schon. Und auf einmal stieg vor mir entgegengesetzter Herkunft zu Ricardo Reis ein neues Individuum auf. In einem Wurf kam, an der Schreibmaschine, ohne Unterbrechung oder Verbesserung, die »Triumph-Ode« Álvaro de Campos' ans Licht – die Ode mit diesem Namen und der Mensch mit diesem Namen.

Dann erschuf ich eine inexistente Sippschaft. Ich bestimmte alles nach den Regeln der Wirklichkeit. Ich stufte die Einflüsse ab, lernte die Freundschaften kennen, vernahm in mir die Diskussionen und abweichenden Auffassungen, und bei alledem kommt es mir so vor, als sei ich selbst, der Urheber von alledem, dabei am wenigsten beteiligt gewesen. Alles scheint sich unabhängig von mir begeben zu haben. Und anscheinend begibt es sich noch heute so. Wenn ich eines Tages die ästhetische Diskussion zwischen Ricardo Reis und Álvaro de Campos publizieren kann, werden Sie sehen, wie verschieden sie sind und daß ich für diese Angelegenheit ohne jede Bedeutung bin.

Als der »Orpheu« veröffentlicht werden sollte, mußte in letzter Minute etwas besorgt werden, um die Seitenzahl zu füllen. Ich schlug damals Sá-Carneiro vor, ich wolle selbst ein »altes« Gedicht von Álvaro de Campos verfertigen – ein Gedicht, wie es Álvaro de Campos geschrieben hatte, ehe er Alberto Caeiro kennengelernt hatte und unter seinen Einfluß geraten war. Und so schrieb ich

»Opiumhöhle«, wobei ich alle verborgenen Tendenzen Álvaro de Campos' wiederzugeben versuchte, wie sie sich später entpuppen sollten, jedoch noch ohne jeden Berührungspunkt mit seinem Meister Caeiro. Von allen Gedichten, die ich geschrieben habe, hat mir dieses am meisten zu schaffen gemacht, weil ich darin eine doppelte Fähigkeit zur Entpersönlichung beweisen mußte. Immerhin glaube ich, es ist nicht schlecht geworden und zeigt Álvaro de Campos in der Knospe ...

Damit habe ich, wie ich glaube, die Entstehung meiner Heteronyme erklärt. Wenn es jedoch einen Punkt geben sollte, zu dem Sie eine lichtvollere Erklärung benötigen – ich schreibe rasch, und wenn ich rasch schreibe, bin ich nicht sehr luzide –, so sagen Sie es: Ich gebe sie Ihnen gerne. Und eins noch, eine wahre, hysterische Ergänzung: als ich bestimmte Abschnitte in den »Notizen zur Erinnerung an meinen Meister Caeiro« von Álvaro de Campos niederschrieb, habe ich echte Tränen geweint. Nur damit Sie wissen, mit wem Sie es zu tun haben, mein lieber Casais Monteiro!

Noch ein paar Hinweise zu dieser Materie ... Im farblosen und dennoch wirklichen Bereich des Traumes *sehe* ich die Gesichter, die Gebärden von Caeiro, Ricardo Reis und Álvaro de Campos *vor mir*. Ich habe ihr Alter und ihren Lebenslauf festgestellt. Ricardo Reis wurde 1887 in Porto geboren (Tag und Monat fallen mir nicht mehr ein, aber ich habe sie irgendwo aufgeschrieben), ist Arzt und lebt im Augenblick in Brasilien. Alberto Caeiro wurde 1889 geboren und verstarb 1915; er kam in Lissabon auf die Welt, hat aber fast sein ganzes Leben auf dem Lande verbracht. Er hatte keinen Beruf und keine nennenswerte Bildung. Álvaro de Campos wurde am 15. Oktober 1890 in Tavira geboren (nach Ansicht von Ferreira Gomes um ein Uhr dreißig nachmittags; und das stimmt, für diese Stunde ist das Horoskop gestellt worden und ist richtig.) Er ist, wie Sie wissen, in Glasgow ausgebildeter Schiffsingenieur, lebt aber heute untätig hier in Lissabon. Caeiro war von mittlerer Statur; obwohl er in Wirklichkeit schwächlich war (er ist an Tuberkulose gestorben), wirkte er nicht so. Ricardo Reis ist ein wenig, ein klein wenig kleiner, stärker und trockener. Álvaro de Campos ist groß (1,70 m, 2 cm größer als ich), mager und geht etwas gebückt. Alle haben ein glattrasiertes Gesicht – Caeiro ist mattblond und hat blaue Augen; Reis' Hautfarbe ist ein verschwommenes Mattbraun; Campos steht zwischen weiß und braun und hat ungefähr den Typ des portugiesischen Juden, trägt aber glattes und normalerweise seitlich gescheiteltes Haar; außerdem trägt er ein Monokel. Caeiro besaß, wie schon erwähnt, kaum eine andere Bildung als gar keine: nur Volksschulbildung. Vater und Mutter waren ihm früh gestorben, und er blieb zu Hause hängen und lebte von irgendwelchen kleinen Einkünften. Er lebte mit einer alten Tante, einer Großtante, zusammen. Ricardo Reis ist auf einer Jesuitenschule erzogen worden und, wie schon gesagt, Arzt; seit 1919 lebt er in Brasilien; er ist freiwillig außer Landes gegangen, weil er Monarchist ist. Er ist Latinist dank fremder und ein halber Hellenist dank eigener Erziehung. Álvaro de Campos hat eine normale Gymnasialausbildung genossen; dann hat man ihn nach Schottland geschickt, damit er dort die Ingenieurschule besuchen sollte. In seinen Ferien unternahm er eine Orientreise, auf der das Gedicht »Opiumhöhle« entstanden ist. Ein Onkel aus der Provinz Beira, der Priester war, hat ihm Latein beigebracht.

Wie ich im Namen dieser drei schreibe? Als Caeiro schreibe ich in reiner und unerwarteter Inspiration, ohne zu wissen oder zu berechnen, daß ich schreiben werde. Als Ricardo Reis schreibe ich nach einer abstrakten Überlegung, die sich plötzlich in einer Ode konkretisiert. Als Campos schreibe ich, wenn ich einen plötzlichen Drang zum Schreiben verspüre und nicht weiß, was ich schreiben soll. (Mein Halbheteronym Bernardo Soares, das im übrigen in vielen Dingen Álvaro de Campos ähnelt, tritt immer auf, wenn ich ermüdet oder schläfrig bin, so daß meine Fähigkeiten zu klaren Vernunftüberlegungen und meine Hemmungen ein wenig aufgehoben sind; diese Prosa ist ein ständiger Wahnwitz. Er ist ein Halbheteronym, weil seine Persönlichkeit nicht die meinige, doch nicht von ihr verschieden, wohl aber eine einfache Verstümmelung von ihr ist. Ich bin es, minus die Vernunftüberlegung und die Gefühlserregbarkeit. Seine Prosa ist dieser gleich, die *Zartheit* ausgenommen, die die Vernunftüberlegung der meinigen verleiht, und das Portugiesische ist völlig gleich; während Caeiro schlecht portugiesisch schrieb, Campos einigermaßen, jedoch mit Ausrutschern usw., Reis besser als ich, jedoch mit einem Purismus, den ich als übertrieben ansehe. Schwierig ist es für mich, die – noch unveröffentlichte – Prosa von Reis oder Campos zu schreiben. Im Vers fällt das Simulieren leichter, auch weil es spontaner ist.)

Nun bleibt noch übrig, auf Ihre Frage bezüglich des Okkultismus zu antworten. Sie fragen mich, ob ich an den Okkultismus glaube. So gestellt, ist die Frage nicht ganz klar; ich verstehe jedoch die Absicht und antworte auf sie. Ich glaube an die Existenz von Welten, die höher sind als die unsrige, und von Bewohnern dieser Welten, erfahren in verschiedenen Graden von Geistigkeit, die sich verfeinern, bis man zu einem höchsten Wesen gelangt, das vermutungsweise diese Welt erschaffen hat. Es mag sein, daß es andere, ebenfalls höchste Wesen gibt, die andere Universen geschaffen haben, und daß diese Universen mit dem unsrigen koexistieren, mit ihm verbunden oder auch nicht. Aus diesen Gründen und noch anderen vermeidet der äußere Orden des Okkultismus, nämlich die Freimaurerei, (die angelsächsische Freimaurerei ausgenommen) den Ausdruck »Gott« in Anbetracht seiner theologischen und volkstümlichen Implikationen und zieht es vor, vom »Großen Architekten des Universums« zu reden, einem Ausdruck, der das Problem offen läßt, ob Er der Schöpfer oder lediglich der Gouverneur der Welt ist. Diese Leitern von Wesen vorausgesetzt, glaube ich nicht an eine direkte Verbindung zu Gott; wohl aber werden wir gemäß unserer geistigen Zurichtung mit immer höheren Wesen in Verbindung treten können. Es gibt drei Wege zum Okkulten: den magischen Weg (der Praktiken wie jene des Spiritismus einschließt, die sich geistig auf dem Niveau der Zauberei befinden, die ja ebenfalls Magie ist), ein in jeder Hinsicht äußerst gefährlicher Weg; den mystischen Weg, der nicht eigentlich Gefahren birgt, aber unsicher und langsam ist; und das, was man den alchimistischen Weg nennt, den schwierigsten und vollkommensten von allen, weil er eine Umformung der eigenen Persönlichkeit einbezieht, die sie *vorbereitet,* ohne große Risiken, ja sogar mit Schutzvorrichtungen, welche die anderen Wege nicht besitzen. Was nun die »Einweihung« oder Nicht-Einweihung anlangt, so kann ich Ihnen nur dies sagen, wovon ich nicht weiß, ob es eine Antwort auf Ihre Frage ist: ich gehöre keinem Einweihungsorden an. Das Zitat, Motto meines Gedichtes »Eros und Psyche«, aus einem (wohlgemerkt übersetzten, das Original ist lateinisch) Abschnitt des Rituals des Dritten Grades des Templerordens von Portugal weist nur darauf hin – was eine Tatsache ist –, daß es mir erlaubt war, die Rituale der ersten drei Grade dieses Ordens zu durchblättern, der seit ungefähr 1888 erloschen ist oder ruht. Wenn er nicht ruhte, würde ich den Abschnitt des Rituals nicht zitieren, denn man soll nicht Abschnitte aus Ritualen, die noch in Kraft sind, zitieren (indem man die Herkunft angibt).

Ich glaube nun, mein lieber Kamerad, auf Ihre Fragen geantwortet zu haben, wenngleich gelegentlich etwas unzusammenhängend. Wenn es noch andere gibt, die Sie zu stellen wünschen, so zögern Sie nicht, sie zu stellen. Ich werde antworten, sobald ich kann und so gut ich kann. Durchaus möglich ist es, und das bitte ich schon heute zu entschuldigen, daß ich nicht so rasch antworten kann.

Es umarmt Sie Ihr Kamerad, der Sie sehr schätzt und bewundert.

Fernando Pessoa

P. S. (!!!)

14. 1. 1935

Außer der Kopie, die ich normalerweise, wenn ich mit der Maschine schreibe, von jedem Brief anfertige, der Erklärungen von der Art der in diesem enthaltenen einschließt, habe ich eine zusätzliche Kopie angefertigt, ebenso für den Fall, daß dieser Brief verlorengehen sollte, wie für den Fall, daß Sie sie für irgendeinen anderen Zweck benötigen sollten. Diese Kopie steht immer zu Ihrer Verfügung.

Etwas anderes. Es kann sein, daß Sie für irgendeine Studie oder einen anderen analogen Zweck künftighin irgendeinen Abschnitt aus diesem Brief zitieren müssen. Ich erteile Ihnen schon heute die Genehmigung zu solchen Zitaten, *jedoch mit einer Einschränkung,* und ich erlaube mir, sie hier zu unterstreichen. Der Absatz über Okkultismus auf Seite 7 meines Briefes darf nicht gedruckt erscheinen. Da ich so klar wie möglich auf Ihre Frage antworten wollte, bin ich absichtlich etwas über die Grenzen hinausgegangen, die bei dieser Materie naturgegeben sind.

Es handelt sich um einen Privatbrief, und deshalb habe ich nicht gezögert, das zu tun. Es steht dem nichts entgegen, daß Sie diesen Abschnitt wem immer Sie wollen vorlesen, sofern diese andere Person ebenfalls der Weisung gehorcht, nicht irgendwo abzudrukken, was in diesem Abschnitt geschrieben steht. Ich glaube, ich kann mich zu diesem negativen Zweck auf Sie verlassen.

Ich bin immer noch in Ihrer Schuld betreffend den längst fälligen Brief über Ihre letzten Bücher: Ich halte aufrecht, was ich Ihnen, glaube ich, in meinem vorigen Briefe geschrieben habe: wenn ich jetzt (ich glaube, daß es erst im Februar sein wird), ein paar Tage in Estoril verbringen sollte, werde ich meine Korrespondenz in Ordnung bringen, denn ich bin nicht nur Ihnen, sondern auch verschiedenen anderen Personen gegenüber im Rückstand.

Dabei fällt mir ein, daß ich Sie noch einmal nach etwas fragen muß, wonach ich schon gefragt habe, ohne daß Sie darauf geantwortet hätten: haben Sie meine Broschüren mit den englischen Versen, die ich Ihnen vor Zeiten geschickt habe, bekommen?

»Der Ordnung halber«, wie man in der Handelssprache sagt, würde ich bitten, daß Sie mir so rasch wie möglich bestätigen, daß Sie diesen Brief erhalten haben. Danke.

Fernando Pessoa

Gedicht VIII aus
Der Hüter der Herden

An einem Mittag des schwindenden Frühjahrs
hatte ich einen Traum so deutlich wie eine Photographie.
Ich sah Jesus Christus zur Erde niedersteigen.
Er kam den Hand eines Berges herunter,
wieder zum Kind geworden,
lief und rollte durchs Gras
und riß Blumen aus, um sie fortzuwerfen,
und lachte, daß man es schon von weitem hörte.

Er war aus dem Himmel geflüchtet.
Er war zu sehr unser, um sich
als zweite Person der Dreifaltigkeit auszugeben.
Im Himmel war alles falsch, stand alles in Mißklang
zu Blumen und Bäumen und Steinen.
Im Himmel war er gezwungen, immer ernsthaft zu bleiben,
und immer aufs neue wurde er Mensch
und kam ans Kreuz und starb
mit einer Dornenkrone
und nägeldurchbohrten Füßen
und einem Tuch um die Hüften
wie die Wilden in Bilderbüchern.
Nicht einmal Vater und Mutter durfte er haben
wie andere Kinder.
Zwei Personen waren sein Vater –
ein Alter mit Namen Joseph, ein Zimmermann,
und der war nicht sein Vater;
und der andere Vater war eine törichte Taube,
die einzige häßliche Taube der Welt,
denn sie war weder irdisch noch Taube.
Und seine Mutter hatte, ehe sie ihn gebar, nicht geliebt.
Doch es war keine Frau: es war ein Koffer,
in dem er vom Himmel kam.
Und er, der nur eine Mutter,
doch nie einen Vater gehabt hatte, um ihn mit Ehrfurcht zu lieben,
sollte Güte und sollte Gerechtigkeit predigen!

Eines Tages, als Gott gerade schlief
und der Heilige Geist umherflog,
lief er zur Wundertruhe und stahl sich drei.
Mit dem ersten bewirkte er, daß niemand von seiner Flucht erfuhr –

mit dem zweiten schuf er sich ewiges Menschentum
und wurde zum Kind.
Mit dem dritten erschuf er einen ewig gekreuzigten Christus
und ließ ihn am Kreuz hängen, das oben im Himmel steht
und für die anderen Kreuze das Vorbild ist.
Dann flüchtete er zur Sonne
und stieg an dem ersten Strahl, den er fassen konnte, hernieder.
Heute lebt er bei mir in meinem Dorfe.
Er ist ein reizend lachendes, ganz natürliches Kind.
Er putzt sich die Nase mit dem rechten Arm,
panscht in den Wasserpfützen,
pflückt Blumen und freut sich daran und vergißt sie.
Er wirft mit Steinen nach den Eseln,
stiehlt Obst aus den Gärten
und läuft vor den Hunden schreiend und heulend davon.
Und weil er weiß, sie mögen das nicht,
aber alle Leute finden es spaßig,
läuft er den Mädchen nach,
die, den Krug auf dem Kopfe,
in Gruppen über die Straße ziehn,
und hebt ihre Röcke hoch.

Mich hat er alles gelehrt.
Er hat mich gelehrt, auf die Dinge zu schauen.
Er zeigt mir die Blumen mit allen Einzelheiten.
Er zeigt mir, wie kostbar die Steine sind,
wenn wir sie in den Händen halten
und geduldig betrachten.

Von Gott spricht er schlecht.
Er sagt, es sei ein kranker, törichter Alter,
der immerfort auf den Boden speie
und zotige Reden führe.
Die Jungfrau Maria verbringt ihre Ewigkeitsabende
Strümpfe strickend.

Die Heilige Taube putzt sich mit dem Schnabel,
plustert sich auf den Sesseln auf und beschmutzt sie.
Alles im Himmel ist töricht wie die katholische Kirche.
Er sagt, Gott verstehe nichts
von den Dingen, die er geschaffen habe –
»Wenn er sie überhaupt schuf, was ich bezweifle« –.
»Er behauptet zum Beispiel, daß alle Wesen sein Preislied singen,

aber die Wesen besingen nichts.
Sängen sie, wären es Sänger.
Die Wesen sind da und nichts weiter,
und darum heißen sie Wesen.«
Und danach, ermüdet vom Gotteslästern,
schlummert das Jesuskind auf meinen Armen ein,
und ich trag' es an meinem Halse nach Hause.

. . .

Es wohnt bei mir in meinem Hause auf der halben Höhe des Hügels.
Es ist das Ewige Kind, der Gott, der uns fehlte.
Er ist das Menschliche, das natürlich ist,
er ist das Göttliche, das da lächelt und spielt.
Und darum weiß ich mit aller Gewißheit,
daß er das wahre Jesuskind ist.

Das so menschliche Kind, das göttlich ist,
ist dies mein tägliches Dichterleben,
und weil es mich allzeit begleitet, bin ich auch allzeit Dichter,
und mein geringster Augenaufschlag
schenkt mir Empfindungen,
und der geringste Laut, woher er auch komme,
scheint sich mit mir zu besprechen.

Das Neue Kind, das dort wohnt, wo ich lebe,
reicht die eine Hand mir
und die andere allem, was da ist,
und so schreiten wir drei über Weg und Steg,
springen und singen und lachen
und genießen unser gemeinsames Geheimnis;
das lautet, allüberall zu wissen:
es gibt kein Geheimnis auf Erden
und alles ist seine Mühe wert.

Das Ewige Kind ist mein steter Begleiter.
Mein Sehen folgt seinem lenkenden Finger.
Mein Gehör, das heiter auf alle Laute achtgibt,
ist der Kitzel, wenn es mich spielerisch an den Ohren zupft.

So gut verstehen wir einer den anderen
in der Gemeinsamkeit aller Dinge,
daß wir nie aneinander denken,
doch wir leben vereint und zu zweit

in innerem Einverständnis
wie die rechte Hand und die linke.

Bei Anbruch der Dämmerung spielen wir
auf der Schwelle der Haustür Dame,
ernsthaft, wie es sich ziemt für Gott und Dichter,
als ob jedes Steinchen ein ganzes Weltall
und darum, es fallen zu lassen,
gefährlich wäre.

Dann erzähle ich ihm Geschichten nur von uns Menschen,
und er lächelt, weil alles unglaublich klingt.
Er verlacht die Könige und die Nichtkönige,
und es schmerzt ihn, von Kriegen reden zu hören,
von Handelsgeschäften und Schiffen,
die auf hoher See nur Rauch in der Luft sind.
Denn er weiß, daß dies alles die Wahrheit verfehlt,
die eine Blume beim Blühen besitzt,
die mit dem Sonnenlicht
Berge und Täler verwandelt
und die Augen blendet beim Anblick gekalkter Mauern.

Dann schlummert er ein, und ich bring' ihn zu Bett.
Ich trag' ihn ins Haus hinein
und lege ihn nieder und ziehe ihn langsam aus,
als ob ich das reinliche Ritual
einer Mutter vollzöge, bis er nackt ist.

Er schlummert in meiner Seele;
zuweilen erwacht er nachts
und spielt mit meinen Träumen.
Einige läßt er rücklings zappeln,
andere legt er übereinander
und klatscht in die Hände
und lächelt in meinen Schlaf hinein.

. . .

Wenn ich sterben muß, liebes Söhnchen,
will ich das Kind und der Kleinste sein.
Nimm du mich dann auf den Arm
und trag mich hinein in dein Haus.
Zieh mir das müde, menschliche Wesen aus
und leg mich hinein in dein Bett.

Und falls ich erwache, erzähl mir Geschichten,
damit ich wieder in Schlummer falle.
Leih deine Träume mir, damit ich spielen kann,
bis ich dann eines Tages, du weißt an welchem,
geboren werde.

. . .

Dies ist die Geschichte von meinem Jesuskind.
Aus welchem triftigen Grunde
sollte sie nicht wahrer sein
als alles, was Religionen lehren
und Philosophen ergrübeln?

Sieben Briefe an Ophélia Queiroz

Mein Baby-Engelchen:

Ich habe nicht viel Zeit, um Dir zu schreiben, und es gäbe auch, schlimmes Liebchen, nicht viel mitzuteilen, was ich Dir nicht morgen viel besser mitteilen könnte, während der leider kurzen Zeit, die der Gang von der Rua do Arsenal zum Haus Deiner Schwester in Anspruch nimmt.

Ich möchte nicht, daß Du Dich grämst; ich will Dich vergnügt sehen, wie Du Deiner Natur nach bist. Versprichst Du mir, Dich nicht zu grämen – oder Dein Möglichstes zu tun, um nicht zuzulassen, daß man Dich vergrämt? Du hast gar keinen Grund Dich zu grämen, glaub mir das.

Schau, Babylein. Bei Deinen Gelübden bitte um etwas, was mir seinerzeit möglich vorkam, weil ich wenig Glück habe, mir jetzt aber viel eher möglich erscheint. Bitte darum, daß der Herr Crosse bei einem der großen Preise ins Schwarze trifft – einem der 1000-Pfund-Preise, um die er sich bemüht hat. Du ahnst gar nicht die Bedeutung, die das für uns beide haben könnte, wenn es Wahrheit würde! Und sieh nur, seit ich in der heute erhaltenen englischen Zeitung gesehen habe, daß er sich schon auf der Höhe von *einem Pfund* bewegt (und wie ich gerade feststelle, bei einem Wettbewerb, bei dem seine Scherze nicht die allerbesten waren), so scheint alles im Bereich des Möglichen zu liegen. Er liegt jetzt auf Platz 12 von ungefähr 20 000 (zwanzigtausend) Konkurrenten. Sollte es unmöglich sein, daß er eines Tages Platz 1 erreicht? Ja, wenn das geschehen würde, Liebchen, und das bei einem der großen Wettbewerbe (tausend Pfund

und nicht nur dreihundert, was gar nichts bringen würde!). Verstehst Du mich?

Ich kam vor kurzem vom Estrela-Viertel zurück, wo ich mir einen dritten Stock für 70 000 Réis angeschaut habe. (Genauer gesagt habe ich, da niemand im dritten Stockwerk war, das zweite angesehen, das natürlich die gleiche Zimmereinteilung hat.) Ich will auf jeden Fall tauschen. Es ist eine mehr als gute, eine großartige Wohnung! Sie ist mehr als ausreichend für meine Mutter, meine Geschwister, die Krankenpflegerin und die Tante, und auch für mich. (Aber hier gibt es noch etwas anderes mitzuteilen, was ich morgen tun werde.)

Lebwohl, Liebes; und vergiß nicht den Herrn Crosse, nicht wahr? Schau, der ist *unser sehr guter Freund* und kann uns (uns *beiden*) sehr nützlich sein.

Viele Küßchen aller Größenordnungen von Deinem, immer Deinem

Fernando

22. 3. 1920

Mein kleines, ungezogenes Baby:

Ich bin bei mir zu Hause, ganz allein, außer dem Intellektuellen, der Tapeten an die Wände klebt (das fehlte noch! Wenn es an der Decke oder auf dem Boden sein müßte!); und der zählt nicht. Und wie ich es versprochen habe, werde ich meinem Babylein schreiben, um ihm zumindest zu sagen, daß es sehr böse ist, abgesehen von einem, nämlich der Kunst, sich zu verstellen, in der ist es Meister.

Weißt Du wohl? Ich schreibe Dir, aber *ich denke dabei nicht an Dich.* Ich denke gerade an die Sehnsucht, die ich nach der Zeit *meiner Taubenjagd* verspüre; und das ist, wie Du weißt, etwas, womit Du nun wirklich nichts zu tun hast …

Unser heutiger Spaziergang war angenehm, nicht wahr? Du warst gut gelaunt, und ich war gut gelaunt, und der Tag war ebenfalls gut gelaunt. (Mein Freund nicht. A. A. Crosse: ist gesund – ein Pfund Sterling Gesundheit einstweilen, genug, um nicht erkältet zu sein.)

Wundere Dich nicht, daß meine Schrift ein wenig sonderbar ist. Dafür gibt es zwei Gründe. Der erste ist, daß dieses Papier (das einzige hier verfügbare) sehr glatt ist und die Feder sehr rasch darüber hinweggleitet; der zweite ist, daß ich hier im Hause großartigen Portwein entdeckt habe, von dem ich eine Flasche aufgemacht und schon zur Hälfte getrunken habe. Der dritte Grund ist, daß es nur zwei Gründe gibt und daher keinen dritten Grund mehr zu geben braucht. (Álvaro de Campos, Ingenieur.)

Wann werden wir uns irgendwo allein treffen können, mein Liebes? Mein Mund fühlt sich ganz sonderbar an, weißt du, weil er so lange keine Küßchen mehr bekommen hat ... Mein Baby, um es auf den Schoß zu nehmen! Mein Baby mit der Beißeritis! Mein Baby, um ... (und dann ist das Baby böse und schlägt mich ...) »Verführerisches Leibchen« habe ich Dich genannt; und so wirst Du auch bleiben, aber fern von mir.

Baby, komm zu mir; komm her zu Deinem Jüngelchen; komm in die Arme Deines Jüngelchen; drück Dein Mündchen auf den Mund vom Jüngelchen ... Komm ... Ich bin so allein, *so ohne Küßchen allein* ...

Wer mir doch die Gewißheit gäbe, daß Du *wirklich* Sehnsucht nach mir hast. Zumindest wäre das ein Trost ... Aber Du denkst womöglich weniger an mich als an den jungen Mann vom Gurgelwasser und an den D. A. F. und an den Buchhalter von C. D. & C.! Übel, übel, übel, übel, übel ...!!!!

Man müßte Dir eins mit der Peitsche überziehen ...

Lebwohl; ich werde mich mit dem Kopf nach unten in einen Eimer legen, um meinen Geist auszuruhen. So machen es alle großen Männer – zumindest, falls sie haben: 1. Geist, 2. Kopf, 3. einen Eimer, in den sie den Kopf hineinstecken können.

Einen einzigen langen Kuß, der so lange andauert, wie die Welt noch bestehen muß, von Deinem, immer und innig Deinem

Fernando (Jüngelchen)

5. 4. 1920

Mein reizendes Babylein:

Du ahnst gar nicht, wie hübsch ich Dich heute am Fenster der Wohnung Deiner Schwester gefunden habe! Wie gut, daß Du heiter warst und bei meinem Anblick (Álvaro de Campos) Vergnügen gezeigt hast.

Ich bin sehr traurig gewesen, und außerdem sehr müde – traurig nicht nur, weil ich Dich nicht sehen konnte, sondern auch wegen der Steine, die uns andere Leute in unseren Weg gelegt haben. Ich möchte glauben, daß der ständige, beharrliche, geschickte Einfluß dieser Leute, die mit Dir nicht schimpfen, sich nicht erklärtermaßen widersetzen, aber langsam Deinen Geist bearbeiten, Dich schließlich dazu bringt, mich nicht mehr zu mögen. Ich fühle mich schon verändert; Du bist schon nicht mehr dieselbe, die Du im Büro gewesen bist. Ich behaupte nicht, daß Dir selbst das schon aufgefallen wäre; mir aber wohl oder ich meinte das zumindest zu bemerken. Hoffentlich habe ich mich geirrt ...

Sieh, mein Liebes: ich sehe gar nicht klar für die Zukunft. Soll heißen: ich sehe nicht, was es mit uns geben oder was aus uns werden wird, da Du zum Überfluß so veranlagt bist, daß Du allen Familieneinflüssen nachgibst und in allem eine andere Meinung hast wie ich. Im Büro warst du gefügiger, anschmiegsamer, liebenswürdiger.

Nun ja ...

Morgen komme ich zur gleichen Zeit wieder auf dem Camões-Platz vorbei. Kannst Du Dich am Fenster zeigen?

Immer und allzeit Dein

Fernando

27.4. 1920

Liebes Baby:

Du hast mehr als tausend – hast Millionen – Gründe, um ärgerlich, gereizt und beleidigt mit mir zu sein. Aber mich trifft kaum Schuld; schuld hat jenes Schicksal, das mir das Gehirn, ich will nicht sagen endgültig, aber doch zumindest derart zerrüttet, daß es pflegliche Behandlung verlangt, von der ich nicht weiß, ob ich sie bekommen kann.

Ich beabsichtige (ohne jetzt das berühmte Dekret vom 11. Mai in Anspruch zu nehmen), im kommenden Monat in ein Erholungsheim zu gehen, um zu sehen, ob ich dort eine gewisse Behandlung finde, die mir erlaubt, der schwarzen Welle zu widerstehen, die über meinen Geist hereinbricht. Ich kenne das Ergebnis der Behandlung nicht – d. h. ich sehe nicht recht, welches Ergebnis sie haben könnte.

Warte nie auf mich; falls ich auftauche, dann morgens, wenn Du ins Büro gehst, am Poço Novo.

Mach Dir keine Sorgen.

Was war es im Grunde? Man hat mich mit Álvaro de Campos vertauscht!

Immer Dein

Fernando

15. 10. 1920

Ophelinha:

Ich danke sehr für Ihren Brief. Er hat mir Betrübnis und Erleichterung gleichzeitig gebracht. Betrübnis, weil diese Dinge immer betrüben; Erleichterung, weil dies in Wahrheit die einzige Lösung ist – daß wir nicht mehr eine Situation verlängern, die weder auf der einen noch auf der anderen Seite mehr die Rechtfertigung der Liebe hat. Auf meiner Seite zumindest bleibt eine tiefe Schätzung, eine unveränderliche Freundschaft zurück. Sie verweigern mir eben dasselbe nicht, nicht wahr?

Weder Sie, Ophelinha, noch ich tragen Schuld daran. Nur das Schicksal trägt die Schuld, wenn das Schicksal eine Person wäre, der man Schuld zuschreiben könnte.

Die Zeit, die Gesichter und Haare altern läßt, läßt auch – und noch rascher – die heftigen Zuneigungen altern. Die Mehrheit der Leute ist töricht und merkt das daher nicht und meint, sie liebe noch, weil sie sich die Angewohnheit zugelegt hat, sich lieben zu fühlen. Wenn es nicht so wäre, gäbe es keine glücklichen Leute auf der Welt. Die höheren Geschöpfe jedoch sind der Möglichkeit zu dieser Illusion beraubt, weil sie weder glauben können, daß die Liebe andauert, noch sich, wenn sie fühlen, daß sie zu Ende gegangen ist, betrügen, indem sie die Wertschätzung oder die Dankbarkeit, die sie hinterlassen hat, dafür halten.

Diese Dinge verursachen Leiden, aber das Leiden geht vorüber. Wenn das Leben, das alles ist, schließlich vorübergeht, wie sollten nicht Liebe und Schmerz vorübergehen und alle übrigen Dinge, die nur Teil des Lebens sind?

In Ihrem Brief sind Sie ungerecht gegen mich, aber ich begreife und entschuldige das; sicherlich haben Sie in Erregung geschrieben, vielleicht sogar im Schmerz, aber die meisten Leute – Männer oder Frauen – würden in Ihrem Falle in einem noch erbitterteren Tonfall und in noch ungerechteren Wendungen schreiben. Aber Sie, Ophelinha, haben ein wunderbares Naturell, und sogar Ihre Erbitterung vermag nicht boshaft zu werden. Wenn Sie, falls Sie heiraten, nicht das Glück finden, das Sie verdienen, wird das gewiß nicht Ihre Schuld sein.

Was mich angeht …

Die Liebe ist vorbei. Doch ich bewahre Ihnen eine unwandelbare Zuneigung und werde nie – nie, glauben Sie mir – Ihr reizendes Figürchen und Ihre Kleinmädchenmanieren vergessen, auch nicht Ihre Zärtlichkeit, Ihre Hingabe, Ihre liebenswürdige Wesensart. Es mag sein, daß ich mich täusche und daß diese Qualitäten, die ich Ihnen zuschreibe, nur in meiner Einbildung existieren; aber ich glaube das nicht, und auch wenn es so sein sollte, wäre es keine Unhöflichkeit meinerseits, wenn ich sie Ihnen zuschreibe.

Ich weiß nicht, was Sie zurückgegeben haben möchten – Briefe oder sonst etwas. Ich würde es vorziehen, Ihnen nichts zurückzugeben und Ihre Briefchen als lebendige Erinnerung an eine Vergangenheit aufzubewahren, die so tot ist wie jede Vergangenheit; als etwas Rührendes in einem Leben wie dem meinigen, in welchem die fortschreitenden Jahre Fortschritt im Unglück und in der Enttäuschung bedeuten.

Ich bitte Sie, daß Sie nicht so handeln wie die gewöhnlichen Leute, die immer gemein sind, daß Sie nicht den Kopf abwenden, wenn ich an Ihnen vorbeigehe, und auch nicht eine Erinnerung an mich behalten, der Groll beigemischt ist. Bleiben wir füreinander wie zwei Kindheitsgespielen, die sich als Kinder ein wenig liebten und, wenn sie auch im erwachsenen Leben anderen Neigungen und anderen Wegen folgen, immer in einem Eckchen der Seele die tiefe Erinnerung an ihre alte und nutzlose Liebe behalten.

Die »anderen Neigungen« und »anderen Wege« betreffen Sie, kleine Ophélia, und nicht mich. Mein Schicksal gehorcht einem anderen Gesetz, von dessen Existenz Sie nicht wissen, und ist immer mehr dem Gehorsam gegenüber Meistern unterworfen, die nichts erlauben und nichts verzeihen.

Es ist nicht notwendig, daß Sie das verstehen. Es genügt, daß Sie mich mit Zärtlichkeit in Ihrer Erinnerung behalten, wie ich Sie unwandelbar in der meinigen bewahren werde.

29. 1. 1920 Fernando

S. g. Frau Ophélia Queiroz:

Ein verwerfliches, elendes Individuum namens Fernando Pessoa, mein besonders lieber Freund, hat mich beauftragt, Ihnen mitzuteilen – in Anbetracht der Tatsache, daß ihn sein geistiger Zustand hindert, irgend etwas mitzuteilen, und wäre es einer trockenen Erbse (einem Beispiel für Gehorsam und Disziplin) –, daß es Ihnen verboten ist:

1) weniger Gramm zu wiegen,
2) wenig zu essen,
3) überhaupt nicht zu schlafen,
4) Fieber zu haben,
5) an das fragliche Individuum zu denken.

Ich meinerseits rate Ihnen als intimer und aufrichtiger Freund des Taugenichts, dessen Mitteilung ich (widerstrebend) weiterleite, das geistige Bild, das Sie sich vielleicht von dem Individuum gebildet haben, dessen Namensnennung dieses halbwegs weiße Papier beschmutzt, zu packen und in den Abfluß zu werfen, da es materiell unmöglich ist, dieses gerechte Schicksal der vorgetäuschten menschlichen Institution zuteil werden zu lassen, der es zukommen würde, wenn es auf der Welt Gerechtigkeit gäbe.

25. 9. 1929 ABEL Álvaro de Campos
Schiffsingenieur

Ophelinha, Kleine,

Ich weiß nicht, ob Sie mich mögen, aber gerade deshalb schreibe ich Ihnen.

Da Sie mir gesagt haben, daß Sie mich morgen an der Straßenbahnhaltestelle, die nicht dort ist, zwischen ein Viertel nach fünf und halb sechs nicht sehen wollen, werde ich genau dort sein.

Es ergibt sich jedoch der Umstand, daß der Herr Ingenieur Álvaro de Campos mich morgen während eines großen Teils des Tages begleiten muß, so daß ich nicht weiß, ob es möglich sein wird, die – übrigens angenehme – Gegenwart dieses Herrn während den Wegen zu irgendwelchen Fenstern, deren Farbe ich vergessen habe, zu vermeiden.

Mein alter Freund, von dem ich eben gesprochen habe, hat Ihnen überdies irgend etwas zu sagen. Er weigert sich, mir dazu irgendeine Erklärung, worum es geht, abzugeben. Aber ich hoffe und vertraue darauf, daß er in Ihrer Gegenwart Gelegenheit haben wird, mir oder Ihnen oder uns zu sagen, um was es sich handelt. Bis dahin schweige ich also, wachsam und sogar hoffnungsvoll.

Bis morgen also, süßes Mündchen,

Fernando

Kleine Ophelinha:

Da ich nicht möchte, daß Sie sagen, ich hätte Ihnen nicht geschrieben, weil ich Ihnen wirklich nicht geschrieben habe, so schreibe ich Ihnen eben jetzt. Nicht eine Zeile, wie ich versprochen habe, aber doch auch nicht viele. Ich bin krank, vor allem auf Grund einer Reihe von Sorgen und Ärgerlichkeiten, die ich gestern hatte. Wenn Sie nicht glauben wollen, daß ich krank bin, dann brauchen Sie es natürlich nicht zu glauben. Aber ich bitte darum, daß Sie mir nicht sagen, daß Sie nicht daran glauben. Es genügt mir schon, krank zu sein; es ist nicht nötig, außerdem noch Zweifel daran zu hegen und Rechenschaft über meine Gesundheit von mir zu verlangen, als ob es in meiner Macht stünde oder ich die Verpflichtung hätte, jemandem von irgend etwas Rechenschaft zu geben.

Was ich Ihnen von meiner Absicht gesagt habe, nach Cascais zu gehen (Cascais heißt irgendein Punkt außerhalb von Lissabon, aber in der Nähe, und kann ebenso gut Sintra oder Caxias heißen), ist die reinste Wahrheit: Wahrheit zumindest der Absicht nach. Ich habe ein Alter erreicht, in welchem man die eigenen Fähigkeiten völlig beherrscht und die Intelligenz, die Stärke und Geschicklichkeit erreicht hat, die sie haben können. Es ist also an der Zeit, mein literarisches Werk zu verwirklichen, einige Dinge zu vervollständigen, andere umzuordnen und wieder andere, die noch zu schreiben sind, niederzuschreiben. Um dieses Werk zu verwirklichen, brauche ich Ruhe und eine gewisse Isolierung. Leider kann ich die Büros nicht aufgeben, wo ich arbeite (ich kann es nicht, selbstredend, weil ich keine Einkünfte habe), wohl aber kann ich, indem ich zwei Wochentage (die Mittwoche und die Samstage) für den Dienst in diesen Büros reserviere, die fünf verbleibenden Tage ganz für mich haben. Da haben Sie die berühmte Geschichte von Cascais.

Mein ganzes zukünftiges Leben hängt davon ab, ob ich das, und zwar in Kürze, zustande bringe oder nicht. Im übrigen kreist mein Leben um mein literarisches Werk – so gut oder schlecht, wie es ist, oder wie es sein kann. Alles übrige im Leben hat für mich ein sekundäres Interesse: Es gibt natürlich Dinge, die ich gerne haben würde, und andere, bei denen es mir gleich ist, ob ich sie erreiche oder nicht. Jeder, der mit mir zu tun hat, sollte zu der Überzeugung gelangen, daß ich so bin und daß es, wenn man von mir die im übrigen sehr ehrenwerten Gefühle eines normalen und banalen Menschen verlangt, ebenso ist, als ob man von mir verlangte, daß ich blaue Augen und blondes Haar haben sollte. Und mich so zu behandeln, als ob ich eine andere Person wäre, ist nicht die beste Art und Weise, sich meine Zuneigung zu erhalten. Es ist besser, denjenigen so zu behandeln, der wirklich entsprechend ist, und in diesem Falle heißt das »sich an jemand anderes wenden« oder etwas Ähnliches.

Ich mache mir viel – wirklich viel – aus Ihnen, Ophelinha. Ich schätze sehr – außerordentlich – Ihre Wesensart und Ihren Charakter. Falls ich heiraten sollte, werde ich nur Sie heiraten. Es bleibt offen, ob die Heirat, ein Heim (oder wie immer man dies nennen mag) Dinge sind, die sich mit meinem gedanklichen Leben vertragen. Ich bezweifle das. Einstweilen und in nächster Zeit möchte ich *mein* gedankliches Leben und meine Arbeit regeln. Wenn mir das nicht gelingen sollte, kann ich natürlich nicht entfernt daran denken zu heiraten. Wenn die Regelung so ausfallen sollte, daß ich sehe, die Heirat wäre ein Hindernis, werde ich selbstverständlich nicht heiraten. Aber wahrscheinlich wird das nicht so sein. Die Zukunft – und zwar eine nahe Zukunft – wird es lehren.

Nun, da haben Sie es, und zufällig ist es sogar die Wahrheit.

Auf Wiedersehen, Ophelinha. Schlafen Sie und essen Sie und verlieren Sie kein Gramm!

Ihr sehr ergebener

Fernando

29. 9. 1929
Sonntag

Anmerkungen

Vorbemerkung

1 M. Blanchot im Vorwort zu *L'espace littéraire,* Gallimard, Paris 1955.

2 Siehe dazu vor allem Jacinto do Prado Coelho, *Diversidade e Unidade em F. Pessoa,* Verbo, Lissabon 1982, 7. Aufl.; Jorge de Sena, *The Man Who Never Was,* im gleichnamigen Sammelband, hrsg. von G. Monteiro, Gávea-Brown, Providence 1982.

3 Die Definition stammt von A. Casais Monteiro, *Estudos sobre a Poesia de F. Pessoa,* Livraria Agir, Rio de Janeiro 1958, S. 81.

4 Hinsichtlich der Abstraktion bei Pessoa und der Bezüge zu Heidegger und Wittgenstein verweise ich vor allem auf Benedito Nunes, *Poesia e Filosofia na Obra de F. Pessoa,* »Colóquio/Letras«, 20 (1974), S. 22-34, sowie auf meinen Aufsatz *Interpretazione dell'eteronimia di F. Pessoa,* »Studi Mediolatini e Volgari«, Band XXIII, 1975, S. 129-187.

5 Ein grundsätzlicher Beitrag zu diesem Thema ist der Artikel von Cesare Segre unter dem Stichwort *Finzione* in *Enciclopedia,* Einaudi, Turin 1979, Band IV, S. 215-217. Speziell zum Thema der Fiktion bei Pessoa gibt es inzwischen eine äußerst umfangreiche Bibliographie. Ich beschränke mich darauf, einige der wichtigsten Texte zu zitieren: Pierre Hourcade, *A propos de F. Pessoa,* »Bulletin des Études Portugaises et de l'Institut Français au Portugal«, XV (1951), S. 151-179; A. Casais Monteiro, *F. Pessoa, o Insincero Verídico,* Inquérito, Lissabon 1954; J. de Sena, *O Poeta é um Fingidor,* Ática, Lissabon 1961; J. Gaspar Simoẽs, *Liberdade do Espírito,* Portugália, Porto o. J. [1952]; J. do Prado Coelho, *F. Pessoa, pensador múltiplo,* in F. Pessoa, *Páginas Íntimas e de Auto-interpretação, Ática,* Lissabon o. J. S. XXI-XXXVII; Eduardo Prado Coelho, *A Letra Litoral,* Moraes, Lissabon 1979 (vor allem das Kapitel »Pessoa, Texto, Sujeito«, S. 109-135); José Augusto Seabra, *Amor e Fingimento Sobre as Cartas de Amor de F. Pessoa,* »Persona«, 3 (1979), S. 77-85.

6 Zum »Bereich«, in dem die metaphysische Fiktion des Schriftstellers, sein Persönlichkeitsverlust stattfinden, siehe das Kapitel »La solitude essentielle« von M. Blanchot, in *L'espace littéraire,* op. cit., S. 11-25: »Wenn schreiben bedeutet, das Endlose zu entdecken, dann überwindet der Schriftsteller, der diese Region betritt, nicht sich selbst zugunsten des Universalen. Er bewegt sich nicht in Richtung einer gewisseren, besseren, legitimeren Welt, wo alles in

einem klaren, richtigen Licht seine Ordnung findet. Er entdeckt nicht die schöne Sprache, die würdevoll für alle spricht. In ihm spricht vielmehr die Tatsache, daß er in gewisser Weise nicht mehr er selbst ist und schon nicht mehr niemand«, S. 18f.

7 Walter Benjamin, *Gesammelte Schriften,* Band II.2, Suhrkamp, Frankfurt a. M. 1980, S. 418.

Eine Truhe voller Menschen

1 Zitiert nach: Fernando Pessoa, *Poesie,* Übersetzung: Georg Rudolf Lind, Suhrkamp, Frankfurt a. M. 1962, S. 127.

2 *Un poeta ricostruito come un affresco in briciole,* »Corriere della Sera«, 4. Oktober 1952. Jetzt in Eugenio Montale, *Sulla poesia,* Mondadori, Mailand 1976, S. 417.

3 Gemeint ist der Brief über die Heteronymie an Adolfo Casais Monteiro aus dem Jahr 1935 (vgl. Anhang), der zwar erst zwei Jahre nach dem Tod des Dichters in der Zeitschrift »Presença« erschien, jedoch schon vorher in literarischen Kreisen in Coimbra zirkulierte.

4 Eine ausführliche Analyse der ideologischen Ausrichtung des portugiesischen Futurismus findet sich in der hervorragenden Studie von Pierre Rivas, *Idéologies réactionnaires et séductions fascistes dans le futurisme portugais,* in *Marinetti et le Futurisme,* »Cahiers des Avant-gardes«, L'Âge d'Homme, Lausanne 1978, S. 171-288. Höchst aufschlußreich, vom selben Autor, ist *Frontières et limites des Futurismes au Portugal et au Brésil,* »Europe«, 551, März 1975, S. 126-144. Ein unumgängliches Werk zum Thema der Ideologie Pessoas ist Alfredo Margarido, *La pensée politique de Fernando Pessoa,* »Bulletin des Études Portugaises«, Nouvelle Série, Band XXXII, Paris 1971, S. 41-184.

5 Unerklärlicherweise ist Pessoas Werk nie unter psychoanalytischen Gesichtspunkten interpretiert worden, zumindest nicht auf zufriedenstellende und systematische Weise: weder das Phänomen der Heteronymie als solches noch das Werk im ganzen, noch die einzelnen heteronymen Figuren. Die extemporierten freudianischen Interpretationen in der trotz allem gelungenen Biographie von Gaspar Simoẽs sind, so verlockend sie auch sein mögen, mit Vorsicht zu genießen und gelten mehr dem Menschen als dem Werk. Der Kürze halber erwähne ich hier nicht die verschiedenen und oft wertvollen psychoanalytischen Beiträge, die sich mit einzelnen Texten befassen.

6 Luciana Stegagno Picchio, *Pessoa, uno e quattro,* in »Strumenti Critici«; IV, Oktober 1967, S. 381.

7 Eduardo Lourenço, *Pessoa revisitado. Leitura estruturante do drama em gente,* Inova, Porto 1973, S. 13.

8 *Zeno Cosini* erschien 1923, *Einer, keiner, hunderttausend* 1925, *Finnegans Wake* 1939, *Juan de Mairena* 1936, das erste *Manifeste du Surréalisme* 1924. Der Kuriosität halber füge ich schließlich hinzu, daß *Das Ich und das Es* von Freud 1923 erschien.

9 Zitiert nach Fernando Pessoa, *Álvaro de Campos. Poesias. Gedichte,* übersetzt und mit einem Nachwort versehen von Georg Rudolf Lind, Ammann, Zürich 1987, S. 107.

10 Ebd., S. 191.

11 Ebd., S. 139.

Ein Leben, viele Leben

1 Fernando Pessoa, *Alberto Caeiro. Dichtungen. Ricardo Reis. Oden,* übersetzt und mit einem Nachwort versehen von Georg Rudolf Lind, Ammann, Zürich 1986, S. 105.

Álvaro de Campos, Ingenieur der Metaphysik

1 Jorge de Sena, *Fernando Pessoa e C^a. heterónima,* Edições 70, Lissabon 1981, Band II, S. 177 ff.

2 Der Auszug aus dem undatierten Brief von Ophélia ist abgebildet in *Maria José de Lancastre, Fernando Pessoa. Uma fotobiografia,* Imprensa Nacional, Lissabon 1981, S. 211.

3 Die Trennung erfolgte am 29. 1. 1920 nach einem Brief Pessoas, der mit folgenden Worten endet: »Mein Schicksal gehorcht einem anderen Gesetz, von dessen Existenz Sie nicht wissen, und ist immer mehr dem Gehorsam gegenüber Meistern unterworfen, die nichts erlauben und nichts verzeihen« (zitiert nach *Fernando Pessoa, Dokumente zur Person und ausgewählte Briefe,* Ammann, Zürich 1988, S. 113).

Ein Kind geht durchs Land

1 O. Del Bene, *Algumas notas sobre Alberto Caeiro,* in »Occidente«, LXXII, Lissabon 1968, S. 129-135. Der hypothetische Titel lautete: *Fernando Pessoa, Precursor Desconhecido.*

2 O. Paz, *El desconocido de sí mismo,* Vorwort zu F. Pessoa, *Antologia.* Auswahl, Übersetzung und Vorwort von O. Paz, Universidad Nacional Autonoma, Mexico 1962, S. 23; neu aufgelegt in O. Paz, *Cuadrivio. Darío, López Velarde, Pessoa, Cernuda,* Joaquim Mortiz, Mexico 1969. (Deutsche Übersetzung zitiert nach *Fernando Pessoa, Algebra der Geheimnisse.* Ein Lesebuch, Ammann, Zürich 1986, S. 97.)

Bernardo Soares,
ein ruheloser und schlafloser Mensch

1 Vgl. den Brief an Adolfo Casais Monteiro im Anhang. In diesem Essay habe ich Zitate und Anregungen verwendet, deren Quellen der leichteren Lesbarkeit wegen im Text nicht angegeben sind. Poes Bemerkung zur autobiographischen »Wahrheit« stammt aus dem Essay *On the impossibility of writing a truthful autobiography* (jetzt in E. A. Poe, *Viking Portable,* New York 1968). In letzter Zeit gab es in Italien eine interessante Debatte über Autobiographie und Tagebuch als literarische Genres. Was den Kern des Problems anbelangt, verweise ich auf die zahlreichen Beiträge der Sondernummer von »Sigma« (*Vendere le vite: la biografia letteraria,* XVII, 1-2, 1985) sowie auf einen Essay von Arnaldo Pizzorusso, der in theoretischer Hinsicht sehr aufschlußreich ist, auch wenn er sich ausschließlich mit französischer Literatur beschäftigt (*Ai margini dell'autobiografia,* Bologna 1986). Die Definition des *Buch der Unruhe* als »Buchprojekt« und der Hinweis auf Mallarmé stammen von Maria Alzira Seixo, während ich die Überlegung zur Poetik der Schlaflosigkeit und den Vergleich zwischen Soares und Lévinas Eduardo Prado Coelho verdanke. Ich beziehe mich auf zwei noch unveröffentlichte Vorträge, die in Paris in der Fondation Royaumont bei einem Kongreß über Pessoa vom 25. bis 28. September 1986 gehalten wurden (M. A. Seixo, *Le discours du secret;* E. Prado Coelho, *Poétique de l'intranquillité).* Den Gedanken, das *Buch der Unruhe* gehöre mehr uns als die anderen Werke Pessoas, verdanke ich Eduardo Lourenço (*Fernando, rei da nossa Baviera,* Lissabon 1986). Die Worte Pessoas über Soares stammen aus einem Brief, den der Dichter am 13. Januar 1935 an A. Casais Monteiro schrieb

(deutsche Übersetzung zitiert nach *Fernando Pessoa. Dokumente zur Person und ausgewählte Briefe*, op. cit., S. 167). Der Ausdruck Pessoas *Mal-de-viver* taucht in einem Brief an A. Côrtes-Rodrigues vom 4. September 1916 auf. Das Zitat von Rilke stammt aus den *Aufzeichnungen des Malte Laurids Brigge*, Insel, Frankfurt a. M. 1959, S. 8. Zahlreiche Beispiele für Hopkins' *word-painting* finden sich in G. M. Hopkins, *Poems and prose,* ausgewählt, eingeführt und mit Anmerkungen versehen von W. H. Gardner, London 1984. Die Bemerkung über Soares' »Lebensunfähigkeit« stammt aus Jacinto do Prado Coelhos Vorwort zur portugiesischen Ausgabe des *Livro do Desassosego* (Lissabon 1982), während der Ausdruck »Dysphorie«, der den Ton des *Livro* bezeichnet, von Arnaldo Saraiva stammt. Die Idee, der *Livro do Desassosego* sei ein »ironisches« Buch, verdanke ich der Lektüre von Vladimir Yankélévitch (*L'Ironie,* Paris 1964). Die Überlegung zum Gebrauch des »gag« bei Beckett findet sich in einem außergewöhnlichen Essay *(Su Beckett, l'interpolazione e il »gag«)* in Gianni Celatis bemerkenswertem Buch *Finzioni occidentali,* Einaudi, Turin 1975, Neuauflage 1986. Hinsichtlich Lissabons als »Symbol-Stadt« verweise ich auf den Essay von Maria José de Lancastre, *Peregrinatio ad loca fernandina. La Lisbona di Pessoa,* in »Quaderni Portoghesi«, 1, 1977, sowie auf ihren Vortrag mit dem Titel *Pessoa et Lisbonne,* gehalten beim bereits erwähnten Kongreß in der Fondation Royaumont.

Aber vor allem ist dieser Text das Ergebnis einiger unvergeßlicher Gespräche mit meinem Freund Franco Occhetto, ohne dessen Ermutigung und ohne dessen Begeisterung für Pessoas *Livro* es dieses Buch auf Italienisch nicht geben würde. Und deshalb ist mein Aufsatz der Erinnerung an ihn gewidmet.

Zarter Rauch ...

1 Eduardo Saccone, der über das Problem der letzten Zigarette bei Zeno schreibt, bezieht sich auf die Definition der *Aphanisis* beziehungsweise der Angst, des sexuellen Bedürfnisses beraubt zu werden, wie es E. Jones beschreibt in *Early Development of Female Sexuality,* in »Papers of Psychoanalysis«, Balliere, London 1950, S. 438-451. Vgl. E. Saccone, *Commento a Zeno,* Il Mulino, Bologna 1973, S. 109. Diese Interpretation des Verhaltens Zenos zu akzeptieren heißt natürlich, daß man auch Svevos Verhalten auf dieselbe Weise beurteilt. Hinsichtlich der auffälligen Ähnlichkeiten im Leben von Zeno Cosini und Ettore Schmitz verweise ich

auf Tullio Kezich, *Svevo e Zeno. Vite parallele,* All'insegna del pesce d'oro, Mailand (2., vermehrte und neu durchgesehene Ausgabe, Il Formichiere, Mailand 1978). Hinsichtlich einer Analyse der nicht minder auffälligen Ähnlichkeiten der Charaktere Zenos und Campos' vgl. schließlich meinen Aufsatz *Álvaro de Campos e Zeno Cosini: due coscienze parallele,* in »Studi filologici dell'Istituto di filologia romanza e ispanistica dell'Università di Genova«, Bozzi, Genua 1978, S. 149-162.

2 L. Veneziani Svevo, *Vita di mio marito,* Lo Zibaldone, Triest 1958, S. 41.

3 *Provisorisches Manifest* / (wird zerrissen, sobald Livia / eine Reinschrift angefertigt hat) / Ettore Schmitz / Verspricht zum letzten Mal / Nicht mehr zu rauchen / 3. (dritter) April / 11 (elf) Uhr vormittags / 1897 / Dieses Datum mit / ungeraden Zahlen / Wird sich vielleicht besser eignen / Als die vielen runden Daten / Die gesucht, festgelegt und überdacht wurden.«

4 Auf den wenigen Fotos, die wir bisher kennen, ist Pessoa für gewöhnlich mit brennender Zigarette zu sehen. Diese Gewohnheit wird auf verblüffende Weise von dem kürzlich erschienenen Fotoband von Maria José de Lancastre bestätigt: *Fernando Pessoa. Uma fotobiografia,* op. cit. Pessoa selbst bekennt sich in seinen persönlichen Notizen immer wieder zu seiner Leidenschaft. Als Beispiel genüge diese Eintragung: »Eines der wenigen intellektuellen Vergnügen, die denjenigen bleiben, die es noch an Intellektuellen in der Menschheit gibt, ist die Lektüre von Kriminalromanen [...] Ein Buch eines dieser Autoren [Conan Doyle und Arthur Morrison], eine Zigarette zu 45 die Schachtel, der Gedanke an eine Tasse Kaffee – diese Dreieinigkeit bedeutet für mich die Konjugation des Glücks, darin resümiert sich mein Glück.« (F. Pessoa, *Páginas Íntimas e de Auto-Interpretação,* eingerichtet und mit einem Vorwort versehen von Georg Rudolf Lind und Jacinto do Prado Coelho, Ática, Lissabon o. J., S. 62. Siehe dazu auch eine Erinnerung seiner Verlobten, die vor kurzem veröffentlicht wurde: »Dom Fernando besaß auch eine Pfeife. Er rauchte sehr viel. Pfeife und Zigaretten. Er hatte ganz gelbe Fingerspitzen. Ich schimpfte viel mit ihm und sagte zu ihm im Spaß: ›Irgendwann werde ich dir diese Pfeife wegnehmen.‹ Und das tat ich dann auch. Er nahm es mir nicht übel, wie er im übrigen nichts übelnahm von dem, was ich sagte oder tat, und nie verlangte er sie zurück. Ich besitze sie noch heute.« (*Cartas de Amor de Fernando Pessoa,* ediert, mit einem Nachwort und Anmerkungen versehen von David Mourão-Ferreira, eingerichtet und mit einem Vorwort versehen von Maria da Graça Queiroz, Ática, Lissabon 1978, S. 29).

5 Der Titel des Bildes lautet: *Fernando Pessoa Ele-Mesmo com os seus óculos-navios, a sua caneta, o seu maço de cigarros e a sua boquilha,* 1978. Abgebildet in »Colóquio/Artes«, 40, März 1979, wo Costa Pinheiro eine außerordentliche Galerie neuer Heteronyme vorstellt (*Medimagitativo para Fernando Pessoa Não-Ele-Mesmo,* S. 5-10). Von Costa Pinheiro siehe auch *Der Dichter Fernando Pessoa,* Galerie Christoph Dürr, München 1981.

6 F. Pessoa, *Obra Poética* (von nun an OP abgekürzt), ediert, mit einer Einführung und Anmerkungen versehen von Maria Aliete Doras Galhoz, José Aguilar, Rio de Janeiro 1960, S. XXXVI.

7 G. Güntert, *Das fremde Ich. Fernando Pessoa,* Walter de Gruyter, Berlin–New York 1971, S. 173; A. Guibert, Vorwort zu F. Pessoa, *Bureau de tabac et autres poèmes,* Caractères, Paris 1955.

8 Darunter, um nur ein Beispiel zu nennen, die von P. Robinson (*Svevo: Secrets of Confessional,* »Literature und Psychology«, XX (1970), S. 101-114), wo das Problem auf folgende Gleichung reduziert wird: »Zigaretten sind phallisch.«

9 M. Fusco, *Italo Svevo. Conscience et Réalité,* Gallimard, Paris 1973.

10 M. Fusco, op. cit., S. 363; die Hervorhebung stammt von mir.

11 J. G. Simões, *Vida e obra de Fernando Pessoa. História duma Geração,* 3., neu durchgesehene Auflage, mit einem neuen Vorwort und einer Bibliographie versehen, Livraria Bertrand, Lissabon 1973. Siehe vor allem das Kapitel »Terceira adolescência«, S. 91 ff. Eduardo Lourenço, *Pessoa Revisitado. Leitura estruturante do Drama em Gente,* op. cit. Zur »Sehnsucht nach der Kindheit« siehe vor allem S. 104 ff.

12 O blauer Himmel – der gleiche wie in der Kindheit – / ewigleere, vollkommene Wahrheit! *(Lisbon Revisited 1923);* Abermals seh ich dich wieder / du Stadt meiner schrecklich verlorenen Kindheit ... / *(Lisbon Revisited 1926).* Deutsche Übersetzung zitiert nach Fernando Pessoa, *Álvaro de Campos,* op. cit., S. 135 u. 139.

13 E. Lourenço, op. cit., S. 105.

14 OP, S. 370. (Die Vorstellung von der Kindheit als reinem physiologischen Glück stammt wahrscheinlich aus Nietzsches *Geburt der Tragödie aus dem Geist der Musik.*)

15 OP, S. 360. Deutsche Übersetzung zitiert nach *Fernando Pessoa, Álvaro de Campos,* op. cit., S. 229.

16 OP, S. 366. Deutsche Übersetzung zitiert nach op. cit., S. 239.

17 OP, S. 365.

18 OP, S. 368.

19 OP, S. 356. Deutsche Übersetzung zitiert nach op. cit., 221.

20 OP, S. 382.

21 OP, S. 257.

22 OP, S. 257.
23 OP, S. 259.
24 OP, S. 368.
25 OP, S. 325. Deutsche Übersetzung zitiert nach op. cit., S. 153.
26 OP, S. 322. Deutsche Übersetzung zitiert nach op. cit., S. 147.
27 OP, S. 302. Deutsche Übersetzung zitiert nach op. cit., S. 103.
28 Vgl. L. P. Moitinho de Almeida, *Algumas notas biográficas sobre Fernando Pessoa,* Setúbal 1954, S. 28.
29 Zu den Lieblingsorten von Álvaro de Campos und Bernardo Soares siehe M. J. de Lancastre, *Peregrinatio ad loca fernandina. La Lisbona di Pessoa,* op. cit.
30 Dieses wie die folgenden Zitate stammen aus »Tabakladen«, op. cit. S. 155-159.

Die Liebesbriefe

1 So David Mourão Ferreira, dem die Veröffentlichung der Briefe zu verdanken ist, in seinem hervorragenden Essay, der der portugiesischen Ausgabe beigefügt ist.
2 Ein aufschlußreiches Verzeichnis der Orte, die Pessoa (und vor allem Campos und Soares) teuer waren, findet sich in Maria José de Lancastre, *Peregrinatio ad loca fernandina. La Lisbona di Pessoa,* op. cit., S. 117-135.
3 Das Problem der »Fiktion«, wie es sich in den Briefen an Ophélia darstellt, wurde sehr subtil von J. A. Seabra analysiert: *Amor e fingimento. Sobre as »Cartas de Amor de Fernando Pessoa«,* in »Persona«, 3, Centro de Estudos Pessoanos, Porto 1979, S. 77-85.

Der Seemann

1 Maria Ivone de Ornellas de Andrade, *Sete reflexões sobre »O marinheiro«,* in »Centro da História da Cultura da Universidade Nova«, Lissabon 1986, S. 671-701.
2 A. Tabucchi, *Pessoa e un esempio di antiteatro o di »teatro statico«,* in »Il Dramma«, 8. August 1970, S. 34.
3 Jetzt in F. Pessoa, *Páginas Intimas e de Auto-interpretação,* op. cit., S. 141.

Inhalt